ISBN 978-1-334-25103-0
PIBN 10718030

INHALTSVERZEICHNIS.

DIE JAPANISCHE AUSWANDERUNG

VON

Dr. Ernst Grünfeld.

EINLEITUNG.

Die japanische Auswanderung war eine zeitlang Gegenstand grossen politischen Interesses, ja 1907 schien es sogar manchem Beobachter, als ob der Schulkonflikt von San Francisco die nach dem Frieden von Portsmouth ohnehin etwas unruhig gewordene öffentliche Meinung Japans so sehr erregt hätte, dass die bereits prophezeite kriegerische Abrechnung Japans mit den Vereinigten Staaten unvermeidlich würde. Diese Ansicht unterschätzte die staatsmännische Fähigkeit der führenden Männer sowohl in Japan als auch auf der andern Seite des stillen Ozeans, aber sie ist doch die Ursache, dass die japanische Auswanderung unausgesetzt zum Gegenstand politischer Betrachtungen gemacht wurde, und dass so häufig bei der Diskussion dieser Frage das Sensationelle und die Hypothese über die nüchterne, sachliche Betrachtung überwog.

Im Folgenden versuche ich die Frage vom sozialwissenschaftlichen Gesichtspunkte aus zu untersuchen und die politische Seite des Problems beiseite zu lassen, soweit sich bei einem so komplizierten Problem, wie es das vorliegende ist, eine Isolierung überhaupt durchführen lässt.

Das Material zur Frage der japanischen Auswanderung war schwer zugänglich. Das einzige Buch in einer europäischen Sprache, das als Vorarbeit gelten kann,[1] steht ganz unter dem Zeichen der politischen Plauderei und Sensation; und wenn auch *Aubert*, wie die meisten seiner schreibenden Landsleute, ausgezeichnet zu erzählen und anzuregen weiss, so ist doch sein Buch, bei dem übrigens die wirtschaftlichen Gesichtspunkte zurücktreten und nur der Gegensatz zwischen Japan und Amerika zur Geltung kommt, durch die Ereignisse überholt. Das ist um so bedauerlicher, als *Aubert* viel Material gesammelt hat und Japaner und

---

1) *Louis Aubert*, Américains et Japonais. Paris (Colin) 1908.

Amerikaner gut kennt und schildert. Sonst standen mir noch die amerikanischen und kanadischen Berichte zur Verfügung, von denen mir allerdings zwei hier in Tōkyō nicht zugänglich waren, sowie eine Reihe von Veröffentlichungen, die meist amerikanischen Ursprungs sind. Sie sind wie alle übrigen Quellen am Orte ihrer Verwendung sorgfältig verzeichnet. Auf japanischer Seite ist mir nur das Buch von *Ogawahira*[1] bekannt, das versucht eine allgemeine Darstellung des Problems zu geben, aber trotz der zwei ihm vorangestellten, anspruchsvollen Vorworte japanischer Gelehrter nur wenig bietet. Ihm und einigen noch weniger wertvollen Büchern konnte ich einiges Material entnehmen. Am meisten fand sich in den 9 Bänden von Berichten über Auswanderung, die das Gaimushō (Ministerium des Aeusseren) in Tōkyō herausgegeben hat, sowie einigen amtlichen Drucksachen, die ich der Freundlichkeit der in Betracht kommenden Stellen verdanke. Dass in Japan, wo die Frage der Auswanderung in der Oeffentlichkeit soviel erörtert wird, auch nicht *ein* gutes Buch darüber vorhanden ist, ist kein gutes Zeichen für seinen wissenschaftlichen Geist. Ich hatte überhaupt den Eindruck, dass es nicht viele Japaner gibt, die über die Auswanderung gut orientiert sind. Wie manche Unterredung mit vermeinten Fachmännern blieb für mich ergebnislos! Umso dankbarer bin ich den Herren, denen ich meine mündlichen Informationen verdanke, für das Entgegenkommen, mit dem sie mich bei meinen Nachforschungen unterstützt haben. Das gilt insbesondere von den Herren Reg. Rat *Tanaka* im Ministerium des Aeusseren, Direktor im Kolonialamt *Dr. Egi*, Direktor *Shiraishi* von der Tōyō Kisen Kaisha, *K. Nakamura* von der Nihon Shokumin Gōshi Kaisha, Prof. *B. Hoshino*, meinem Uebersetzer *H. Maeda*, sowie den Herren des Ostasiatischen Wirtschaftsarchivs der Südmandschurischen Bahn. Im übrigen musste ich mir mein Material in Spänen zusammentragen, da natürlich nur in Amerika und Hawaii, wo die japanische Einwanderung ziffernmässig ins Gewicht fiel, eine Veranlassung zum Entstehen einer besonderen Literatur geboten bezw. überhaupt Literatur über Einwanderung vorhanden war. Naturgemäss musste ich mich oft der Zeitungen als Quellen bedienen, was bei der allgemeinen Unzuver-

---

1) *R. Ogawahira* Nihon imin ron (Das japanische Auswanderungsproblem) mit Vorworten von den Prof. *Nitobe* u. *Tajima*. Tokyo 1905. Nach Drucklegung dieser Zeilen fiel wir das Buch „American Japanese Relations“ von Kyoshi *K. Kawakami* (New York etc. 1912) in die Hände, das jedoch keine neuen Gesichtspunkte bietet.

lässigkeit solcher Nachrichten nicht unbedenklich war. Im vorliegenden Falle aber ist diese Unzuverlässigkeit noch dadurch gesteigert, dass die Oeffentlichkeit Japans über die Auswanderung fast ganz ununterrichtet ist, und dass die Zeitungsmeldungen vielfach japanischen Zeitungen entstammen die, an Sensationsmacherei und Leichtfertigkeit selbst ihre Lehrmeisterin, die amerikanische Presse übertreffen. Die grösste Schwierigkeit aber, die mir, wie jeder Arbeit über Japan begegnete, ist die Undurchdringlichkeit der japanischen Literatur für jeden Europäer infolge der Unmöglichkeit die Schriftsprache und Schrift anders als nach mehreren arbeitsreichen Jahren zu erlernen. Soweit das Studium des Landes und der Umgangssprache und Gewissenhaftigkeit dieser Schwierigkeit zu begegnen vermögen, habe ich meine Pflicht getan. Dennoch bitte ich für ein unvorhergesehenes Versehen, etwa die Ausserachtlassung einer japanischen Veröffentlichung oder einen Uebersetzungsfehler im voraus um Entschuldigung. Ich glaube, dass es mir trotz allem geglückt ist, eine Uebersicht über die bearbeitete Frage gewonnen zu haben, die uns bisher die Japaner selbst schuldig geblieben sind, und die sie bei ihrem gegenwärtigen Mangel an wissenschaftlicher Literatur vielleicht auch noch länger schuldig bleiben werden,—wenigstens in einer europäischen Sprache.

1. DIE PROBLEME JAPANISCHEN AUSWANDERUNG.

Auf Seite 2 des geistreichen Buches von *Aubert* findet sich folgende hübsche Antithese: "Le temps n'est plus ou l'Européen se plaignait de l'isolement des Chinois, des Japonais et des Coréens, de leur entêtement ä fermer les frontières...... Les rôles sont reversés: c'est le monde jaune qui cherche ä empiéter sur les terres d'autrui et c'est le tour des Occidentaux de défendre leurs territoires." Und Aubert bemerkt weiter, dass es nicht genüge, sein Land durch Einwanderungsverbote abzuschliessen, um es zu behaupten, sondern, dass man auch tatsächlich imstande sein müsse, seinen Vorsatz durchzuführen, wenn z. B. ein dünn besiedelter Kontinent, wie der australische, sich jeder andern Besiedlung als der durch Briten zu verschliessen wünsche, während in seiner Nähe sehr volkreiche, mächtige Staaten nach Spielraum für ihren grossen Bevölkerungszuwachs suchen. In den europäischen Hauptstädten und auf dem Papier liesse sich das ja alles schön erörtern, auch die Frage, wie sehr die Welt gewinnen könnte, wenn östliche und westliche Kultur sich vereinigten oder gar verschmölzen; in der Praxis aber gebe es die grössten Schwierigkeiten, wenn die "humanité du pain" und die "humanité du riz" einander berührten.

Aber auch, wenn man von diesen Seiten der Frage absieht, bleibt für den Nationalökonomen genug des Interessanten übrig: Die Auswanderung aus Japan stellt eine ganz andere Entwickelung dar als die aus den wichtigen Auswandererstaaten Europas. Die japanische fällt ganz in die letzten Dezennien, während bis dahin das Inselreich 250 Jahre vollständig von der Aussenwelt abgeschlossen war. Als die Auswanderung nun einsetzte, u. zw. durchaus infolge der Initiative und des Eingreifens der Regierung, da standen Japan alle die Erfahrungen zur Verfügung, die die europäischen Auswanderungsländer sich in jahrhundertelanger Erfahrung mit vielen Opfern erworben hatten.

Man wusste bereits, dass nicht jeder, der sein Vaterland verlässt, um auf unbestimmte Zeit, ja auf immer in die Ferne zu ziehen, ein bemitleidenswerter Flüchtling, ein verächtlicher Abenteurer oder ein bedauernswertes Opfer von Agenten und Rhedern ist, dass Auswanderung nicht nur einen Verlust an Soldaten, Arbeitern und Kapital bedeutet, sondern der Ausbreitung des eigenen Volkstums, des Handels und der Schiffahrt Aussichten eröffnet, ja in letzter Zeit sogar zu einer Quelle reichlicher Geldsendungen aus dem Ausland geworden ist, die für kapitalarme Länder eine grosse Rolle spielen. Auch hat die Auswanderung in jüngerer Zeit ein anderes Gesicht angenommen. Die Zunahme, Verbilligung und Erleichterung des Verkehrs hat es mit sich gebracht, dass das Verlassen des Vaterlandes keine dauernde Trennung zu bedeuten braucht. Der Nachrichten-Verkehr, einschliesslich der Zeitungen, hält die Verbindung aufrecht, Besuche in der alten Heimat, oder solche der Angehörigen im neuen Wohnsitz sind in den Bereich der Möglichkeit gerückt, eine Rückkehr bietet fast nur finanzielle Schwierigkeiten, und die Gesetzgebung und Polizei aller beteiligten Staaten, die Einrichtungen grosser Transportgesellschaften, wie z. B. der deutschen Rhedereien haben die ärgsten Missstände aus dem Weg geräumt. Da der Auswanderer seinem Heimatlande nicht mehr entfremdet zu werden braucht, hat die Auswanderung ihre Schrecken verloren und ist sogar teilweise zu einer Arbeiterwanderung geworden, die den früher in

Europa bereits üblichen Binnenwanderungen der Saisonarbeiter ähnelt. Kein Wunder, dass man heute die Auswanderung mit freundlicheren Augen betrachtet, ja sogar in volkreichen Ländern mit schwacher Auswanderung ihre Ausdehnung befürwortet. Andrerseits ist auch die Stellungnahme der Einwanderungsländer eine andere geworden. Noch heute ist Raum für grosse Volksmengen in ihnen vorhanden, aber eine Not an Mann besteht meist nicht mehr, und wenn die Einwanderung befördert wird, so sind es meist nicht mehr wirtschaftliche Gründe allein, die dazu anspornen. Andrerseits hat man erkannt, welche Bedeutung einer richtigen Auslese der Einwandernden innewohnt. Länder, wie die Vereinigten Staaten Nordamerikas z. B., die in den letzten Jahren über eine Million Einwanderer zugelassen haben, wünschen sich alle körperlich, geistig, sittlich oder wirtschaftlich minder tauglichen Elemente fernzuhalten, ja, sie müssen in der Zulassung neuer Bürger vorsichtig sein, wollen sie nicht die hohe Lebenshaltung ihres Volkes durch Scharen armer und allzu anspruchsloser Neuankömmlinge, ihre Sprache, Charaktereigenschaften, Sitten, kurz ihr ganzes Volkstum durch den Zuwachs an Menschen gefährden, die andern Ländern und Rassen entstammen, als die englischen, deutschen, skandinavischen und französischen Kolonisten, die dem Lande seine gegenwärtige Bevölkerung gegeben haben. Am allerwenigsten aber wünscht man die Zuwanderung von Leuten, die nicht die Absicht haben, sich dauernd sesshaft zu machen, sondern die nur ein paar Jahre die Differenz zwischen den niedrigen Löhnen ihres Landes und den oft um ein Vielfaches höheren des Einwanderungslandes geniessen wollen. Denn diese Zuwanderer stellen nicht nur keinen eigentlichen Bevölkerungszuwachs dar, sie verursachen auch noch einen grossen Kapitalexport, dem ein Einfluss fremder Waren entspricht, und vor allem, sie geben sich keine Mühe, sich dem Lande ihrer Wahl anzupassen, mit der ansässigen Bevölkerung eins zu werden und verursachen durch ihre Unkenntnis der Landessprache und Sitten, durch ihre, dem Einheimischen fremde Lebensweise, manchmal auch durch ihre niedrige Lebenshaltung und was damit zusammenhängt, erhöhte Verwaltungskosten, Missstände sowie eine Erschwerung der Assimilation für alle übrigen Einwanderer.

Es ist begreiflich, dass es dem japanischen Auswanderer, der keine Erfahrung im Verkehr mit dem Auslande hatte, der auch keine Führer im fremden Lande besass, zunächst schwer wurde, sich zurechtzufinden, insbesondere in Ländern, deren Sprache und Kultur so grundverschieden von der seinen waren, wie etwa die Vereinigten Staaten von Nordamerika, in die nur die wenigsten Japaner kamen, um sich dauernd anzusiedeln, während die überwiegende Mehrzahl das Land nach wenigen Jahren wieder verliess, um in der geliebten Heimat die Ersparnisse zu verzehren. Andrerseits macht das Gesagte auch begreiflich, dass die öffentliche Meinung Japans der Auswanderung meist sympathisch gegenübersteht, ja dass sogar eine sehr starke Strömung die weitere Ausgestaltung der Auswanderung verlangt. Da fast alle Auswanderer zurückkehren, hat Japan keine Verluste an Volkstum zu beklagen, wohl aber sind die kolonisatorischen Erfolge der britischen Auswanderung, die deutschen Ansiedlungen in Südamerika und die Ausbreitung der deutschen Schiffahrt und des deutschen Handels, die Geldsendungen der Italiener im Auslande oft besprochene Erscheinungen, die jedem japanischen Patrioten die Auswanderung als etwas Wünschenswertes erscheinen lassen. Dazu kommt der Glaube an den nicht zu erschöpfenden Volksreichtum Japans, über den wenig Zuverlässiges bekannt ist, das Verlangen nach Ausdehnung von Schiffahrt und Aussenhandel, nach Guthaben im Auslande, der Wunsch eines lerneifrigen Volkes, von den Zuständen im Auslande zu lernen, es den grossen Staaten Europas gleichzutun, die Bodenknappheit in dem gebirgigen Vaterlande, die geringe Kapitalkraft des Landes, wohl auch ein wenig politische Schwärmerei und Opposition gegen die Verschliessung der angelsächsischen Länder an der Küste des stillen Ozeans gegen asiatische Einwanderung, kurz, man ist der Auswanderung im allgemeinen sehr günstig gesinnt. In der Literatur und Presse kommt das beständig zum Ausdruck und selbst die Mehrzahl der japanischen Gelehrten deren Aeusserungen zu meiner Kenntnis gelangt sind, empfehlen die Auswanderung, ja, machen sogar Propaganda für sie.[1]

---

1) Auf dem dritten Kongress des japanischen Vereins für Sozialpolitik in Tōkyō, auf dessen Tagesordnung die Auswanderungsfrage stand, äusserten sich hiezu neun Redner, von denen fünf gegen, vier für die Auswanderung sprachen, (siehe „Imin mondai“, Tōkyō 1909, das alle Reden enthält). Das Buch von *K. Ogawahira*, „Nihon imin ron“ (Die japanische Auswanderungsfrage), Tōkyō 1905, will für die japanische Auswanderung Propaganda machen, und dasselbe tun die Professoren *I. Nitobe* und *Tajima*, die zu dem Buch je ein Vorwort geschrieben haben. Die übereinstimmende Haltung der Presse kann ich hier aus Mangel an Raum nicht belegen, doch ist eine grosse Anzahl von Zeitungsstimmen in *Aubert's* Buch zu finden.

Auch heute, wo bereits die Erkenntnis von der geringen Bedeutung und der Entbehrlichkeit der japanischen Auswanderung für jeden, der sich mit der Frage ernstlich beschäftigen will, klar zu Tage liegt, hören die Anklagen gegen die „ziellose Auswanderungspolitik" und die „mangelnde Initiative der Regierung" in der japanischen Presse nicht auf. Männer wie der ehemalige Minister des Aeusseren und Botschafter in Washington, Vicomte *Aoki*, und der 1911 zurückgetretene Handelsminister Baron *Oura* haben bereits öffentlich die Notwendigkeit der Auswanderung und die Aneiferung zur Auswanderung nach Amerika zurückgewiesen, aber nach wie vor stellen selbst die wenigen ernst zu nehmenden Zeitschriften ihre Spalten der unbedingten Verteidigung und Lobpreisung der Auswanderung zur Verfügung.[1] Das beweist nur, dass der Grund der allgemeinen Sympathie für diese und der wichtigste Antrieb zu ihrer Fortsetzung nicht wirtschaftlicher Natur sind, sondern, wie die beständigen Hinweise auf die grossen europäischen Kolonialreiche zeigen, auf imperialistische Expansionstendenzen zurückgeführt werden müssen.

2. STATISTIK DER JAPANISCHEN AUSWANDERUNG.

Bevor ich daran gehe, die Geschichte der japanischen Auswanderung zu skizzieren, will ich noch versuchen, ihren tatsächlichen Umfang durch einige statistische Angaben zu kennzeichnen und ihre Beweggründe, insbesondere die Frage der Uebervölkerung Japans zu untersuchen.

Freilich ist es nicht leicht, sichere Zahlen zu finden: Eine eigentliche Auswanderungsstatistik besteht nicht: es werden nur die ausgegebenen und zurückgestellten Pässe gezählt. Da seit Erlass des Auswanderungsgesetzes, insbesondere aber seit dessen strengerer Handhabung jeder Auswanderer zum Verlassen des Landes eines Passes bedarf, so dürfte in den letzten Jahren die angegebene Zahl der Auswanderer tatsächlich richtig sein. Es ist aber zu bedenken, dass im Sinne des japanischen Gesetzes die Reisenden nach China und Korea (das inzwischen Kolonie wurde) und den Kolonien nicht als Auswanderer angesehen werden, und wenn auch für die Reise nach China Pässe ausgegeben werden, so sind es sicher nicht alle

[1] Z. B. Shin Nihon und Jitsugyō-no-Nihon, in denen die Herausgeber Graf *Okuma* und *Masuda* selbst der Auswanderung das Wort sprechen.

Auswanderer, die damit versehen sind. Ferner sind natürlich alle, die sich einer Kontrolle entziehen, nicht mitgezählt, und ihre Zahl dürfte nicht unbedeutend sein, insbesondere da noch immer ein starker Mädchenhandel stattfindet, der sich einer Ueberwachung zu entziehen weiss. Ausserdem zählt die japanische Statistik auswandernde Kinder anscheinend nicht als voll, die ganz kleinen überhaupt nicht. Die Zahl der Auswandernden nach den Kolonien ist angesichts deren Nähe und des starken Verkehrs mit dem Mutterlande schwer festzustellen, so dass die von den Kolonialregierungen ausgewiesenen Zahlen der Ein- und Rückwanderung nicht zuverlässig sein dürften. Was die Zahl der zurückgegebenen Pässe anbelangt, so ist sie wahrscheinlich zu niedrig, da das Abliefern der Pässe erfahrungsgemäss überall leicht unterbleibt, da in Japan kein Passzwang besteht und natürlich auch viele aus der Fremde zurückkehren, die ohne Pass fortgefahren sind, oder im Auslande geboren wurden. Es wurden Pässe [1]

TABELLE I.

im Jahr	ausgegeben	zurückgestellt.
1903	35663	—
1904	27377	8525
1905	19466	10111
1906	58851	22722
1907	43627	12497
1908	21344	11654
1909	15740	11844

Von den im Jahr 1910 Auswandernden waren 12801 Männer und 2939 Frauen.[2] Der Anteil der Frauen hat in den letzten Jahren zugenommen, da mehr und mehr Familien fortziehen, oder Japaner im Auslande ihre Familien nachkommen lassen oder Frauen herausrufen, um Familien zu begründen, ein Beweis, dass die Qualität der Auswanderer zunimmt.

Die Einteilung der Auswanderer nach Berufen ist wenig

[1] Japan. Statist. Jahrbuch, 1910. [2] Résumé Statistique, 1911.

durchsichtig. Auffallend ist die in den letzten Jahren merkbare Einschränkung in der Aussendung von ,Studenten und Arbeitern. Die Zahlen für diese Berufsgruppen lauten :

TABELLE II.

	1904	1905	1906	1907	1908	1909
Studenten	1597	1127	3340	3415	680	359
Arbeiter	855	329	315	97	189	117

Sicherlich verbergen sich viele Arbeiter unter andern Rubriken, aber in der Hauptsache dürfte es stimmen, dass ihre Auswanderung seit wenigen Jahren so gut wie abgeschnitten ist. Von den im Jahre 1909 ausgestellten Pässen waren 6503 für Russland, (einschliesslich Russisch Asien) ausgestellt, 2623 für China[1], 2002 für die Vereinigten Staaten, 1276 für Peru, 1273 für Hawaii, 344 für Kanada, und 227 für die Philippinen. Der Rest verteilt sich auf die ganze Welt.

Eigentlich wären nun den Zahlen der Auswanderer nach dem Auslande noch die der in die Kolonien Wandernden zuzuzählen, obwohl die wichtigste Kolonie, der Hokkaidō, rechtlich gar keine Kolonie mehr ist, sondern eine Provinz, und die andern Kolonien, Formosa, Südsachalin und Korea dem Mutterlande so nahe liegen, dass man fast von Binnenwanderungen sprechen könnte. Da der Hokkaidō für die obenstehende Berechnung der Auswanderer als Mutter- also Auswanderungsland gezählt wurde, muss seine Einwanderung auch tatsächlich ausser Betracht gelassen werden. Im übrigen wanderten aus :

TABELLE III.

im Jahre	Nach Formosa.[2]	Sachalin.[3]	Südmandschurei (Pachtgebiet).[4]
1908	20360	—	—
1909	—	17187	20641

[1] Für Hongkong ausserdem 121.

[2] Japan. Statist. Jahrbuch 1910.

[3] ebenda S. 1040.

[4] „Lage der Ansiedler in den Kolonien," herausgegeben vom Kolonialamt, Tōkyō, 1910/11, ohne Datumsangabe.

Von dort kehrten im selben Jahre zurück:

14393	13715	15347

Es war also der Menschenzuwachs dieser Länder durch Einwanderung:

5967	3472	5294

Die Zahlen für Korea sind mir nicht bekannt geworden, da keine amtlichen statistischen Mitteilungen hierüber veröffentlicht werden. Immerhin dürften mehrere Tausende von Japanern im Jahr mehr nach Korea ab-, als von dorther zuwandern. Bedenkt man nun, dass auch noch die Bahnzone in der Südmandschurei Japaner an sich zieht, so kann man leicht feststellen, dass die Auswanderung nach den Kolonien ein mehrfaches derjenigen nach dem Auslande beträgt.

Zum Vergleich mit den Auswanderungsziffern Japans seien hier die für die überseeische Auswanderung einiger europäischer Länder angeführt. Es verliessen:[1]

TABELLE IV.

	Im Jahre	Köpfe	Aus einer Einwohnerzahl von	u. einer Bevölkerungsdichte per Km²
Das Deutsche Reich	1910	25531	64903423	120.22
Oesterreich	1909	129656	28567898	95.17
Ungarn	1909	129337	20840678	64.15
Italien	1909	625637	32475253	113.28
Spanien	1909	142717	19503068	38.66
Belgien	1908	17280	6693548	227.25
Norwegen	1909	16152	2392698	7.44
Grossbrit. & Irland	1909	288761	41458721	132.66

Japan, das im Jahre 1908 wahrscheinlich eine Wohnbevölkerung von etwa 51 Millionen hatte, also fast soviel wie Ungarn und Italien zusammen, bei einer Bevölkerungsdichte, die etwa

[1] Statist. Jahrbuch für das Deutsche Reich 1911.

der des Vereinigten Königreichs gleichkommt, hatte eine Auswanderung, die sich mit der des Deutschen Reiches vergleichen lässt, (wenn man die Unvollkommenheit der japanischen Daten berücksichtigt), ja 1909 ziffernmässig nicht einmal die Norwegens erreicht, dessen ganze Bevölkerung weniger Köpfe zählt als Japans Hauptstadt mit ihren Vororten. Man kann also die japanische Auswanderung nur als eine kleine bezeichnen, und wenn sie auch früher etwas grösser war, so ist das doch angesichts der alltäglichen Massenwanderungen unserer Zeit keine auffallende Erscheinung, besonders, da die Zahl der Rückwanderer eine so grosse ist. Nach diesen Angaben lässt sich das Aufsehen, das die japanische Auswanderung dennoch hervorgerufen hat, nur aus ihrer Konzentration auf einige kleine Gebiete erklären. (Die Kolonien Japans sind bei dem Vergleich mit dem Auslande nicht berücksichtigt.)

Ueber die Zahl der im Auslande lebenden Japaner gibt es gleichfalls keine zuverlässige Statistik. Das Ministerium des Aeussern sammelt die Angaben, die ihm von den Konsulaten gemacht werden und stellt danach eine grosse statistische Tafel zusammen, die natürlich nicht genau sein kann. Immerhin mag sie einen gewissen Anhalt bieten, besonders da sie jährlich erneuert wird und so wenigstens die Veränderungen zum Ausdruck kommen. Auffallenderweise hört und liest man immer wieder andere Ziffern, alle angeblich aus amtlichen Quellen, die die Zahl der Japaner im Auslande ganz verschieden darstellen. Für das Jahr 1909 sind mir allein vier Angaben bekannt, davon zwei amtliche und zwei angeblich amtliche (im "Japanese Yearbook," und "The Japan Financial and Economic Monthly") die von 420651 bis 256434 auseinandergehen. Die letztere Zahl ist der grossen Tabelle entnommen, die das japanische Ministerium des Aeussern herausgibt, während das japanische statistische Jahrbuch für 1910 von 302616 ausgewanderten Japanern berichtet. Da das Auswanderungswesen dem genannten Ministerium untersteht, so folge ich hier seinen Angaben und nehme an, dass Ende 1909 tatsächlich die Zahl der Japaner im Auslande 256434 war. In den japanischen Kolonien waren etwa zur selben Zeit 307279.[1] Es waren also zusammen 563713

1) Und zwar in Korea 146147 (nach dem 3ten Annual report on reforms and progress in Korea, compiled by the Government General of Chosen, Seoul 1910); in Sachalin 23897, in Formosa 83329 (Resumé statistique 1911 S. 34/35); in der Mandschurei (Kwantung-Pachtgebiet und Bahnzone) 53906 (Lage der Ansiedler

Japaner ausserhalb des Hauptlandes. Sicherlich ist die Zahl der Japaner in fremden Ländern nicht voll erfasst, da ja die Konsuln nicht die Möglichkeit haben Zählungen vorzunehmen. Warscheinlich halten sich die Japaner in den Kolonien und in der Fremde das Gleichgewicht, so dass Japan nicht viel Verluste an Bürgern zu beklagen haben dürfte. Von den Japanern im Auslande waren:

TABELLE V.

	1909.	und zwar: Männer.	Frauen.
in den Vereinigten Staaten	142469	114382	28087
davon in Hawai	65760	44617	21143
im Konsulatsbezirk San Francisco	53361	48590	4771
in China	81279	46260	35019
„ Canada	8854	7717	1137
„ Peru	4560	4337	223
„ Australien	3960	3791	169
„ Colombo, Hongkong, Singapore	3464	1173	2291 x
„ Russisch Asien	3600	1808	1792 x
„ Mexiko	2465	2327	138
„ den Philippinen	2156	1686	470
„ Niederl. Indien	781	344	436 x
„ Ostindien	780	242	539 x
„ Brasilien	605	474	131
„ Siam	184	123	61 x
„ Chile	145	142	3
„ Argentinien	27	27	—

Der Rest verteilt sich auf alle übrigen Länder.

Zusammen	256434	185788	70646

in den Kolonien, herausgegeben vom Kolonialamt, Tōkyō, 1910/11.) In der Zahl 256434 sind allerdings die Japaner in der Mandschurei mitgerechnet, da sie eigentlich China gehört. Bei der Summierung wären also die 53905 abzuziehen.

Die Uebersicht über die geographische Verteilung zeigt zunächst, dass mehr als die Hälfte sich in den Vereinigten Staaten Amerikas, ein Drittel in China aufhält (vergleiche das oben von der Mandschurei Gesagte). Sonst gibt es nur wenige Länder mit nennenswerter japanischer Einwohnerschaft, wiederum ein Beweis für die starke Konzentration der Auswanderung auf einzelne Gebiete.

Die Verteilung der Geschlechter weist einen durchschnittlichen Satz von nur 27.55% Frauen auf, was darauf hindeutet, dass die Auswanderer meist nicht dauernd sesshaft sind. Eine Ausnahme bilden Hawaii und China, wo die Japaner festen Fuss gefasst haben. Uebrigens ist auch in China die Verteilung der Japanerinnen nicht gleichmässig. Während in den ganz chinesischen Gebieten die Männer stark überwiegen, ist in der Mandschurei (einschliesslich der Nordmandschurei) und in Shanghai das Gegenteil der Fall. Die übrigen Gebiete, in denen das weibliche Geschlecht fast oder ganz überwiegt, sind durch ein x kenntlich gemacht: es sind die englischen Kolonien in Ostasien, Russisch Asien, Niederländisch Indien, und auch in Siam erreichten die Frauen 50% der japanischen Bevölkerung. Die Erklärung für diese Tatsache liefert teils die Berufsstatistik, teils kann ich sie aus dem Folgenden vorwegnehmen. Hauptsächlich sind es die Rubriken „Geishas, Prostituierte und dergleichen“ und „Sonstige Berufe“, die den Ueberfluss an Frauen aufnehmen, ferner in geringerem Umfange die Rubriken „Restaurants“ und „Häusliche Dienstboten.“ Es ist eine in Ostasien bekannte Tatsache, dass Japanerinnen an der ganzen Westküste des stillen Ozeans und bis nach Aden zu finden sind, und das hat seine Gründe nicht nur in einem seit alters blühenden Mädchenhandel, der in einigen westlichen Provinzen Japans seine nicht immer unfreiwilligen Opfer fordert und gegenwärtig seine Hauptsitze in Hongkong und Dalny zu haben scheint, sondern auch in der grossen Anziehungskraft, die die Japanerinnen auch auf Europäer ausüben. Uebrigens sollen viele von den Mädchen in die Heimat zurückkehren und den Weg zum bürgerlichen Leben wiederfinden. Interessant ist, wie tief, bis nach Sibirien hinein, der japanische Menschenstrom in Russisch Asien vorgedrungen ist. Sicherlich ist die Ursache hierfür zum Teil in dem letzten Kriege zu suchen, nach dessen Beendigung viele Japaner, die den Truppen gefolgt waren, im Lande blieben.

Dem Beruf nach sind 70100 Landwirte ausgewiesen, von denen 68462 in den Vereinigten Staaten wohnen, 17268 häusliche

Dienstboten, (hiervon 14401 in den Vereinigten Staaten), 14445 Privatbeamte, (die meisten hiervon in Hawaii), 16622 Eisenbahnangestellte und Arbeiter, (meist in den Vereinigten Staaten), 10800 Gastwirte, Köche und dergleichen, (hiervon etwa die Hälfte in den Vereinigten Staaten), 14708 Kaufleute, (hiervon über 8000 in China), 7705 Industrielle (?) (meist in China), 7008 Regierungs- und Kommunalbeamte, (hiervon 6656 in China), 4467 Fischer, (meist in Kanada und den Vereinigten Staaten), 2558 Studenten, (hiervon 2039 in den Vereinigten Staaten), und eine grosse Reihe von andern Berufskategorieen, die sich auf die ganze Welt verteilen. Leider ist die Einteilung der Berufe wenig durchsichtig, so dass ich wiederholt einzelne der 112 Rubriken zu kombinieren hatte. In Südamerika sind die Japaner fast ausschliesslich ungelernte Arbeiter. Interessant ist, dass sich manche Berufe auf einzelne Gebiete konzentrieren: so sind z.B. von den 8854 Japanern in Kanada 2686 Fischer, 3158 Sägemühlenarbeiter. Der grösste Teil der Japaner im Auslande dürften Landwirte, ungelernte Arbeiter und Verkäufer persönlicher Dienstleistungen, (Köche, Gastwirte, Kellner, Raseure, Dienstboten etc.) sein. Unter den qualifizierten Arbeitern spielen die Zimmerleute eine grosse Rolle, was für jeden, der die Japaner als Meister in der Holzbehandlung kennen gelernt hat, leicht verständlich ist. Im übrigen wird ja noch bei der Besprechung der einzelnen Auswanderungsziele von der Berufsgliederung der Auswanderer zu sprechen sein.

GRUENDE DER AUSWANDERUNG, BESONDERS DIE FRAGE DER UEBERVOELKERUNG.

Welches sind nun die Gründe der japanischen Auswanderung? Bekanntlich gibt es für jede Auswanderung zwei Arten von Antrieben: Druck und Abstossung in der Heimat, und Anziehung von Seiten der Einwanderungsländer; oft sind beide Momente gleichzeitig wirksam. Im einzelnen gibt es, wie es scheint, kaum eine Tatsache, die nicht auch den unmittelbaren Anlass zur Auswanderung zu bieten vermöchte. Verfolgungen politischer oder religiöser Art haben zum Entstehen der japanischen Auswanderung nicht beigetragen. Grosse wirtschaftliche Umwälzungen haben zwar in Japan stattgefunden, aber abgesehen von der grossen Steuerlast, die übrigens erst seit dem letzten Krieg besonders schwer fühlbar geworden ist, dürften gerade die bäuerlichen Bevölkerungsschichten, die das Hauptkontingent der Auswanderer stellen, nicht allzusehr gelitten haben, ja die Zunahme der Verkehrsmittel, die Ordnung der Währungsverhältnisse, die Ordnung der Grundsteuer u. a. hat ihnen sogar manchen Vorteil zum Ausgleich beschert. Sicherlich ist die Lage des kleinen Mannes in Japan, mit deutschen oder amerikanischen Massstäben gemessen, nicht rosig: aber das war sie nie, und das japanische Volk ist genügsam. Fehlt es also auch nicht an Leuten, die ihre Lage im Ausland erheblich verbessern könnten, so fehlt doch meist das Bewusstsein dafür, und es mussten erst Lockungen von bereits Ausgewanderten oder Agenten hinzukommen, um die japanischen, konservativen Landwirte aus ihrem Lande fortzuziehen, in dem sie jahrhundertelang abgeschlossen gelebt hatten. Auch darüber ist im Folgenden noch einiges zu sagen. Gewöhnlich hört man aber nur eine Ursache für die japanische Auswanderung anführen: Die Uebervölkerung. Um diese Behauptung näher nachzuprüfen, was gerade im vorliegenden Fall auf allerhand Schwierigkeiten stösst, gehe ich darauf etwas ausführlicher ein.

Die Frage ob in einem Lande Uebervölkerung herrscht oder nicht, lässt sich bekanntlich nich exakt lösen, da man dazu die Bevölkerung in Verhältnis zu den wirtschaftlichen Möglichkeiten des Landes setzen müsste, über die es genaue Daten nie geben kann. Man muss sich also auf die Zahlen beschränken, die die Bevölkerungsstatistik zur Verfügung stellt.

Für Japan muss man sich auch dabei ein wenig bescheiden, weil es hier noch an einer allgemeinen Volkszählung, der einzigen zuverlässigen Unterlage für eine Bevölkerungsstatistik fehlt.[1] Doch wird durch eine möglichst sorgfältige Registrierung der Bevölkerungsbewegung, verbunden mit einer periodischen Aufnahme der Registerbevölkerung nach Verwaltungsbezirken auf Grund der amtlichen Register einigermassen Ersatz geboten. Infolge der eigentümlichen Familienverhältnisse Japans ist es wahrscheinlich, dass die Eintragung in die Register in den Heimatsbezirken recht sorgfältig bewirkt wird, während die Registrierung der Wohnbevölkerung weniger zuverlässig sein dürfte.

Die gesetzliche Registerbevölkerung Japans betrug am 31. XII. 1908[2]

---

[1] Die 1872 vorgenommene Aufnahme der Bevölkerung, die als Grundlage für die spätere Fortschreibung dient, konnte noch kein einwandfreies Ergebnis liefern.

[2] Résumé statistique de l'empire du Japon. 25e année, Tōkyō, 1911. Seite 13.

TABELLE VI.

	Einwohner	Auf einer Fläche von Km²	Dichte auf 1 Km²
Mittel Honshū	19004475	94792.48	200
Nördl. Honshū	7480432	78225.08	96
Westl. Honshū	10929374	53561.41	204
Zus. Honshū	37414281	226578.97	165
Shikoku	3288310	18210.03	181
Kyūshū	7748752	43614.48	178
Hokkaidō	1137455	94011.61	12
Zus. Japan	49588798	382415.09	130
dazu			
Formosa und Pescadores	3240438[1]	35967.98[4]	90
Sachalin	26159[2]	34061.55[4]	0.8
Korea	13071177[3]	217819.03[4]	62
Zus. Kolonien	16337774	287848.56	56.6
Japan mit Kolonien	65926572	670263.63	98.4

(Kwantung und die Bahnzone sind hier nicht in Rechnung gezogen.)

Das japanische Reich mit seinen Kolonien beherbergt also beiläufig ebensoviel Menschen, wie das Deutsche Reich, ist aber um ein Gebiet, das etwa Bayern + Ost- und West-Preussen entspricht, grösser. Die Besiedelung des Landes ist eine sehr dichte: besonders wenn man sich vor Augen hält, dass die Hauptinsel (Honshū) 165 Einwohner auf 1 Km² aufweist, Kyūshū sogar 178. Europa kennt allerdings eine noch dichtere

1) Rés. stat. 1911. Seite 34.

2) ebenda. Seite 35.

3) The 3rd annual report on reforms and progress in Korea. 1910. Seite 15/16. Korean. Bevölkerung von 1910 + Nichtkoreaner nach dem Stand von 1908.

4) Rés. stat. Seite 1. (Die Zahlen für Sachalin und Korea sind nicht genau.)

Besiedelung: Holland hat 178, Belgien 251, das Rheinland 238, das Königreich Sachsen 301, Südholland 454 Einwohner pro Km² und Grossbritanien ist mit 132 Seelen pro Km² immer noch stärker besiedelt, als das japanische Hauptland mit seinen 130.[1] Aber die zum Vergleiche herbeigezogenen Länder sind reicher, haben ein regeres Wirtschaftsleben und sind nicht so stark auf den Ertrag der Landwirtschaft angewiesen wie Japan. Dafür sind wiederum die Japaner viel bedürfnisloser, brauchen auch für ihre Unterkünfte viel weniger Raum, so dass dadurch die Verschiedenheit des Verhältnisses zwischen Volkswohlstand und Bevölkerungszahl halbwegs ausgeglichen sein dürfte. Zu bemerken ist, dass die wirtschaftliche Leistungsfähigkeit in Japan früher anfängt, dafür aber viel früher aufhört als etwa in deutschen Ländern, denn man wird bei der Neigung der Japaner, sich auf ihr Altenteil zurückzuziehen, die obere Grenzen der produktiven Jahre bei 55 anzusetzen haben. Dies ist um so wichtiger, als die Statistik für Japan im Jahre 1909 nur 10 Grossstädte mit über 100000 Einwohnern, davon nur zwei mit mehr als 500000 aufweist. Immerhin ist es aber doch die Verteilung der Städte, die die Dichte der Besiedlung der einzelnen Regierungsbezirke erklärt. So hat z.B. das mittlere Honshū eine Dichte von 200 Einwohnern auf 1 Km², aber hier ist zu berücksichtigen, dass der Regierungsbezirk Tōkyō eine Dichte von 1567, Kanagawa-Ken[2] (mit Yokohama) 491, die benachbarten zwei Bezirke, Saitama und Chiba, 314 und 270 aufweisen. Ebenso wird der Durchschnitt für das westliche Honshū (204) durch die kleinen, aber stark bevölkerten Bezirke, Ōsaka mit 1201 und Kyōto mit 253 Einwohnern auf 1 Km,² stark gehoben, sowie durch das Vorhandensein grösserer Städte wie Kōbe und Nara.[3] Wo nicht Häfen, Verwaltungszentren oder Handel und Industrie städtische Siedelungen hervorgerufen haben, ist in der Hauptsache die Bevölkerung in kleinen Gruppen über das tiefer gelegene Ackerland zerstreut und lebt vom Ertrage ihrer kleinen Bauernwirtschaften, die bisher fast nur mit Menschenkraft bestellt wurden. Trotz der starken Besiedlung des Landes, insbesondere im Süden

---

1) Die europäischen Zahlen nach Perthes, Taschen-Atlas, Gotha, 1910.

2) Ken = Regierungsbezirk.

3) Diese Zahlen nach dem „État de la population de l'empire du Japon au 31. XII. 1908. Tōkyō 1911. Cabinet Impérial de la statistique générale.“ Seite 2/3. Diese Zahlen beziehen sich auf die Wohnbevölkerung und sind etwas höher als die auf Seite 2 mitgeteilten.

und Westen, ist also das wirtschaftliche Leben noch durchaus nicht an der Grenze seiner Intensifizierung angelangt.

Charakteristisch dafür ist die Tatsache, dass von der gesamten Bodenfläche Japans, 36 Millionen chō,[1] nur 13.55% landwirtschaftlich nutzbar gemacht sind. Nun ist allerdings Japan überaus gebirgig und zum Teil einer Bebauung nicht fähig, aber wenn man, wie Fachleute dies tun,[2] annimmt, dass die weniger als 15° geneigten Flächen einer Bebauung fähig sind, so ständen 26.5% der Gesamtfläche zur Verfügung. Hiervon sind erst 52% tatsächlich der Landwirtschaft nutzbar gemacht, so dass noch 4.56 Millionen chō, (4.523 Millionen ha) erschlossen werden können, von denen etwa die Hälfte im Hokkaidō liegen. Das wäre eine Fläche, die beträchtlich grösser ist als die der Schweiz oder Dänemark und mehr als zweimal so gross als die der Markgrafschaft Mähren. Natürlich ist noch die Rentabilität dieser Bebauung zu erwägen, jedenfalls aber scheint auch für Fachleute die Urproduktion Japans noch nicht an der Grenze ihrer Leistungsfähigkeit zu sein.[3]

Was die Versorgung der Bevölkerung mit Nahrungsmitteln anbelangt, so hängt sie heute ganz von der Ergiebigkeit des Reisbaues ab. Eine neue amtliche Veröffentlichung[4] hat nun festgestellt, dass der Ertrag des Reisbaues von der Flächeneinheit sich ständig gehoben hat, sodass jetzt für 1 tan Reisland ein Ertrag von 1 koku 60 shō angesetzt werden kann.[5] Da die Denkschrift einen Jahresbedarf von 1 koku Reis auf den Kopf der Bevölkerung ermittelt, so kommt sie zu dem Ergebnis, dass bei Berücksichtigung der Bevölkerungsvermehrung und der zu erwartenden weiteren Vermehrung der Reisbau-Erträge, das

---

1) 1 chō=99.1735537 ar.

2) Zeitschrift der Bodenregulierungsgesellschaft in Tōkyō No. 4; Juli 1910.

3) In diesem Sinne äusserte sich auch der Handelsminister Baron *Oura* in seinen bekannten Reden über die Ergebnisse seiner Studienreise im Auslande, in denen er versicherte, man könnte durch bessere Landeskultur, besonders der gebirgigen Gegenden Japans dort noch Raum für 28 Millionen und der gebirgigen Gegenden Koreas dort noch Raum für etwa halbsoviel Menschen schaffen, so dass von Uebervölkerung für die nächste Zukunft keine Rede sei. (Vergl. Hamburger Nachrichten v. 16. XI. 1910). Und der Direktor der landwirtschaftlichen Abteilung im Ministerium für Landw. und Handel, *Sako*, äusserte sogar in einem Artikel über Auswanderung, dass Japan in den Stand gesetzt werden könne durch Hebung der Landeskultur zweimal soviel Menschen zu ernähren als gegenwärtig. (vergl. Köln. Ztg v. 18. XI. 1903).

4) „Reis". Herausgegeben vom Kolonialamt. Tōkyō. April 44. (1911.)

5) 1 tan = 9,91735 a; 1 koku = 1,8039 hl; 1 shō = 1/100 koku.

Hauptland noch im Jahr 1941 imstande sein wird, seinen Bewohnern die erforderliche Reismenge bis auf ein Defizit von ca. 5 Millionen koku zu liefern, wofür die Kolonien leicht Ersatz bieten können. So dürfte Japan für absehbare Zeit in der beneidenswerten Lage sein, seine Angehörigen nicht nur im eigenen Lande, sondern auch mit dessen eigenen Erzeugnissen zu ernähren.

Welchen Veränderungen unterliegen nun diese Verhältnisse, dh. in welchem Massstabe wächst die Bevölkerung Japans? Soweit das unzureichende statistische Material Japans eine Beantwortung dieser Frage zulässt, folgt sie aus den nachstehenden Angaben, die ich der weitverbreiteten Unklarheit wegen, die über diese Tatsachen herrscht, etwas ausführlicher als unbedingt nötig wäre, gemacht habe.

Die Zahl der Eheschliessungen in Japan betrug:

Tabelle VII.

	Im Jahre	Im Jahresdurchschnitt:	Es kamen Eheschliessungen auf 1000 Einw. im Jahr
1)	1886–90	328858	8.32
	1891–95	352096	8.51
	1896–1900	396460	9.10
	1901–1905	378936	8.19
2)	1906	253274	7.34
	1907	433527	8.88
	1908	461940	9.32
	1899–1908	378744	9.84

Die Zahl der Ehescheidungen betrug:

1) *I. Takano.* The recent movement of population in Japan. Journal of the Royal Statistical Society. Vol. LXXIII, Part VII. July, 1910. S. 740.

2) Résumé statistique etc. 1911. S. 18/19.

TABELLE VIII.

Im Jahre	Im Jahresdurchschnitt:	auf 100 Einw.	auf 1000 Eheschliessungen des Jahres.
[1] 1886–98	112440	2.73	308,2
[1] 1899–1905	64032	1.39	176,6
[2] 1906	65510	1.36	258,5
[2] 1907	61193	1.25	136,5
[2] 1908	60376	1.22	130,1
[2] 1899–1908	63530	1.28	168,0

Mit den Zahlen des Auslandes verglichen, erweisen sich sowohl die Eheschliessungen als auch die Ehescheidungen in Japan als sehr zahlreich.

Nach *Webb*, (The New Dictionary of Statistics, London 1911. S. 283) entfielen auf 1000 Einwohner in den Jahren 1891–1900 durchschnittlich Eheschliessungen in:

TABELLE IX.

Serbien	20,–	England & Wales.	15,6
Sachsen	18,2	Belgien	15,9
Ungarn	17,6	Frankreich	15,–
Japan	17,5	Schweden	11,9
Deutsch. Reich	16,4	Irland	9,6
Oesterreich . . .	16,–		

Bei dieser etwas abweichenden Berechnung, (anscheinend ist hier jede Eheschliessung als 2 angesetzt) ist die Ziffer für Japan ein wenig zu niedrig. Da mir neuere Vergleichszahlen fehlen, kann ich die jüngeren, oben mitgeteilten Ziffern für Japan nicht mehr mit denen des Auslandes vergleichen. Jedenfalls ist die Ehefrequenz des Inselreiches eine sehr starke. Noch stärker aber ist die Frequenz der Ehescheidungen. Auch nach 1898, (der Aenderung der Ehegesetzgebung) wird jährlich etwa 1/7 der geschlossenen Ehen wieder gelöst, während selbst in den V. St. A.

1) *Takano* w.o. S. 751. 2) Rés. stat. 1911 S. 18/19.

1906 jährlich nur 82, in der Schweiz 42, in Frankreich 31, in Deutschland 20 Ehescheidungen auf 1000 Eheschliessungen entfielen.[1] Doch scheint auch in Japan die Zahl der Scheidungen abzunehmen.

Die Zahl der Geburten in Japan betrug:

TABELLE X.

		im Jahresdurchschnitt	auf 100 Einwohner	Totgeburten auf 1000 Einwohner	Lebendgeburten auf 100 Geburten	Lebend-Geburten auf 1000 Einwohner
1)	1886–90	1202096	30,4	1.8	93,8	28.5
	1891–95	1292768	31,4	2.6	91,7	28.8
	1896–1900	1490588	34,2	3.0	91,2	31.2
	1900–05	1633522	35,3	3.3	90,7	32.1
2)	1906	1548934	—	—	—	29.1
	1907	1780787	—	—	—	33.2
	1908	1835303	—	—	—	33.7
	1899–1908	1641634	—	—	—	—[3]

1896–1905 entfielen Lebendgeburten auf 1000 Einwohner im Jahresdurchschnitt in:[4]

TABELLE XI.

Sachsen	36.5	Holland	32.5
Oesterreich (1896–1903)	36.4	Japan	31.7
Bayern	36.4	Schottland	29.6
Preussen	35.7	England & Wales	28.6
Deutsches Reich	35.2	Frankreich	21.8
Italien	33.2		

1) *Takano*, a. a. O.

2) Rés. stat. w. o. S. 18/19.

3) Die Ziffer an dieser Stelle der Statistik weist augenscheinlich einen Fehler auf und ist deshalb nicht wiedergegeben.

4) Mit Ausnahme der Ziffern f. Japan nach *Webb* a.a.O.

Hieraus geht hervor, dass in Japan die Zahl der Geburten im Verhältnis zur Kopfzahl der Bevölkerung eine mittlere ist: sie hat allerdings die Tendenz, absolut und relativ zu steigen, doch ist mangels einer zuverlässigen statistischen Unterlage für eine solche Berechnung hier verschärftes Misstrauen gegenüber den Ergebnissen der Statistik geboten. Es ist sehr wahrscheinlich, dass die Verbesserung des statistischen Dienstes die Zunahme grösser erscheinen lässt, als sie tatsächlich ist. Auffallend ist die grosse Zahl der Totgeburten, die hauptsächlich auf uneheliche Geburten entfällt. (Das Verhältnis der ehelichen zu den unehelichen Totgeburten ist fast wie 1 : 3.[1])

Kombiniert man die Zahl der Todesfälle und Geburten, so ergibt sich die folgende Zuwachsquote:

TABELLE XII.

	Todesfälle (ohne Totgeburten)	Im Jahr absolut auf 1000 Einwohner	Zuwachs auf 1000 Einw. (Lebendgeburten weniger Todesfälle)
[2] 1886–90	815406	20,6	7,9
1891–5	874192	21,1	7,7
1896–1900	906661	20,8	10,4
1901–1905	973797	21,1	11,–
[3] 1906	961550	19,8	9,3
1907	1024286	21,0	12,2
1908	1038110	20,9	12,8
1899–1908	974205	20,8	—

Den Vergleich mit dem Auslande bietet folgende Tabelle.[4]

1) *Takano* a.a.O. S. 764.

2) ebenda. S. 766.

3) Rés. stat. 1911. S. 18/19.

4) *Webb* w.o.S. 66. Die Zahlen für Japan sind gegen die aus der Tabelle XI ausgestauscht.

TABELLE XIII.

Im Jahresdurchschnitt 1901–1905.

	Zuwachsrate, (in ‰)	Sterberate (in ‰)
Neu Seeland	16.7	9.9
Holland	15.5	16.1
Deutsches Reich	14.9	19.9
Australischer Bund	14.5	11.6
Dänemark	14 2	14.8
England & Wales	12.1	16.–
Oesterreich	11.4	24.2
Grossbritannien	11.4	16.3
Japan	**11.–**	**21,1**
Ungarn	11.–	26,2
Belgien	10.7	17,–
Spanien	9.2	26,1
Brit. Indien	5.6	33,–
Chile	5.3	29.9
Frankreich	1.8	19,5

Da der Durchschnitt 1901–05 des Krieges wegen für Japan wenig günstig ist, so schneidet es bei einem internationalen Vergleich sehr gut ab, insbesondere mit seiner verhältnismässig günstigen Todesrate, die es neben das Deutsche Reich und Frankreich stellt. Da die geringe Kindersterblichkeit in Japan ein wichtiger Faktor ist, und sanitäre Verbesserungen sicherlich noch stark nachhelfen können, so darf man erwarten, dass die Sterberate auch in Zukunft eine günstige sein wird. Es ist dabei allerdings nicht zu vergessen, dass Japans Industrialisierung seiner Bevölkerung neue gesundheitliche Gefahren bringen muss, die heute noch kaum ins Gewicht fallen. Die Zuwachsrate der Bevölkerung ist, wie die Geburtsrate, eine mittlere und steigt, soweit sich dies beurteilen lässt, nur langsam. Auch hier gilt, was bereits bei der Geburtenstatistik gesagt werden musste. Da die Heiratsfrequenz ziemlich empfindlich bei wirtschaftlichen

Störungen reagiert, so ist anzunehmen, dass mit der zunehmenden Konzentrierung der Bevölkerung in geschlossenen Ortschaften und der zunehmenden Schwierigkeit, sich einen Unterhalt zu verschaffen, während die Lebensansprüche immer steigen, die Zunahme nicht in allzuraschem Zeitmass fortschreiten wird, insbesondere in einem Lande, wo selbst die religiösen Anschauungen, die eine Fortpflanzung der Familie verlangen, es nicht vermocht haben, die Zuwachsrate über ein mittleres Mass zu steigern.

Geographisch verteilt sich der Zuwachs der (Register-) Bevölkerung in Japan wie folgt:[1]

Mittlerer Zuwachs im Jahresdurchschnitt auf 1000 Einwohner:

TABELLE XIV.

	1893–98	1899–1903	1904–1908
Honshū Mittel	10,12	13,04	11,05
Honshū Nördl.	10,12	12,70	11,20
Honshū Westl.	9,45	11,35	10,48
Zusammen	9,92	12,47	10,79
Shikoku	7,22	10,01	7,50
Kyūshū	13,19	12,87	13,09
Hokkaidō	99,86	65,94	61,57
Zusammen	11,22	13,21	11,93

Eine weitere Aufklärung über die geographische Verteilung des Zuwachses der Wohnbevölkerung[2] im Jahresdurchschnitt von 1903–1908 bringt die Feststellung, dass der Zuwachs, der 12.85 auf 1000 Einwohner betrug, sich hauptsächlich in den grossen Städten: Tōkyō (38.10), Ōsaka (32.92), Kanagawa (Yokohama) (23.01) und ihren Bezirken fühlbar macht. Im Hokkaidō beträgt er sogar 60.21, doch erklärt sich das sowohl aus der dünnen Besiedlung als aus der planmässigen Kolonisation dieser Insel. Während nun Industrie- und Handelszentren mit ihrer starken Zuwanderung weit über dem Durchschnitt stehen,

1) Rés. stat. 1911.

2) Kartenbeilage zu État de population u.s.w. 1911.

ist die grösste Zahl der Regierungsbezirke mit ihrer Zuwachsrate gegen den Durchschnitt zurück, ja vier davon weisen sogar eine erhebliche Abnahme ihrer Bevölkerung, (Shiga-Ken 6.37‰) auf. Es hat also den Anschein, als ob die Verteilung der Bevölkerung von selbst durch die Anziehungskraft der Erwerbsgelegenheiten ins Gleichgewicht gebracht würde. Wenn die Entwickelung des Städtewesens weiter so fortschreitet wie bisher, so ist auch hier dem Menschenzuwachs in nächster Zeit ein Abfluss gesichert.

Aus all dem geht hervor, dass Japan zwar ein sehr stark besiedeltes Land ist, dass man aber nicht sagen kann, dass für keinerlei Zuwachs mehr Raum vorhanden sei. Einige Landesteile verlieren sogar Bevölkerung, und auch die Abwanderung nach den Kolonien, die zum Teil aus den dünner besiedelten Provinzen des Nordens von statten geht, gibt Nachrückenden wieder einige Aussicht. Schliesslich ist zu hoffen, dass die Intensifizierung des wirtschaftlichen Lebens nach dem Vorbilde der wenigen grossen Städte, eine grössere Dichte der Besiedlung ermöglicht, so dass der jährliche, übrigens garnicht ausserordentliche Zuwachs an Menschen vorderhand niemand zu beängstigen braucht. Ob der Zuwachs selbst zunimmt, lässt sich nicht genau sagen: sicher ist dagegen, dass das Heiratsalter steigt.

Jedenfalls ist die Auswanderung nach der Fremde für Japan nicht das einzige Rettungsmittel, womit natürlich nicht gesagt sein soll, dass nicht auch heute schon die Auswanderung mancherlei Vorteil böte, insbesondere, solange Japan ein kapitalarmes Land ist. Das führt dazu, zu untersuchen, ob die Ursachen der Auswanderung nicht ausserhalb des Landes liegen. Tatsächlich kam die erste Anregung zur Auswanderung, wie weiter unten ausgeführt wird, vom Auslande: Der Arbeitermangel in Hawaii, West-Amerika und Canada, der Bedarf der landwirtschaftlichen und gewerblichen Grossbetriebe war nicht nur Anreiz, sondern wirkte auch darauf hin, dass der Japaner zunächst willkommen geheissen und Einrichtungen für Herbeischaffung von weiteren billigeren Arbeitskräften aus seiner Heimat getroffen wurden. Die Arbeitslöhne in Japan waren stets niedrig, und selbst heute, wo der Lohn seit Jahren schon in fortwährendem Steigen begriffen ist, ist menschliche Arbeitskraft in Japan so billig, dass nach europäischer Auffassung die Verwendung, die sie findet, oft einer Verschwendung gleichkommt. Auch heute noch beträgt der Tagelohn eines männlichen, landwirtschaftlichen Arbeiters 39 Sen, der eines weiblichen 23, und ein weiblicher Dienstbote ist für einen Monatslohn von 2.83 Yen zu haben.[1] Da diese Sätze viel höher als die vor zehn oder zwanzig Jahren üblichen sind, so ist leicht einzusehen, wie gross die Verlockung war, die der Unterschied zwischen den japanischen und den selbst für Ostamerikaner hohen westamerikanischen Löhnen auf die Japaner in der Heimat ausüben musste, wenn ihre Dorfgenossen, die zuerst mit staatlicher oder irgend einer andern Hilfe als Kontraktarbeiter ausgezogen waren, darüber nach Hause berichteten. Man hat sich also über die eine zeitlang stark anwachsende Auswanderungsbewegung nicht zu wundern, eher darüber, dass sie nicht ein noch grösseres Ausmass erreichte und dass die ausgewanderten Japaner, nach wenigen Jahren des Gelderwerbs in der Fremde wieder ruhig heimkehrten, nachdem sie so unvergleichlich bessere wirtschaftliche Verhältnisse und eine höhere Lebenshaltung kennen gelernt hatten. Da bekanntlich eine ständige Auswanderung selbsttätig Einrichtungen schafft, die selbst wieder für Stabilisierung der Bewegung beitragen, wie Agenturen, Schifffahrtsgesellschaften, Verkehrseinrichtungen aller Art, so ist es erklärlich, dass es des energischen Eingreifens der Regierung bedurfte, um der Bewegung Einhalt zu gebieten. Da dies aber schliesslich doch gelang, so ist darin eine Bestätigung der obigen Ausführungen zu sehen, welche für den Hauptgrund der Auswanderung den grossen wirtschaftlichen Unterschied zwischen Japan und seinen nächsten östlichen Nachbarländern halten, ohne auf den Bevölkerungsdruck und den Menschenüberfluss im Mutterland allzuviel Gewicht zu legen.

DIE ANFAENGE DER AUSWANDERUNG UND EIN UEBERBLICK UEBER IHRE ENTWICKLUNG.

Eine eigentliche Auswandererbewegung setzte erst in den 80er Jahren des vorigen Jahrhunderts ein. Es hatte zwar schon lange eine Reihe mehr oder minder umfangreicher Handelskolonien in Korea und China gegeben, zu welch letzterem ja vor dem chinesisch-japanischen Kriege auch Formosa gehörte, aber auch diese kleine Auswanderung war eigentlich nur ein geduldeter Missbrauch, ja eine Gesetzesverletzung, denn seit den Tagen des Shōguns Iyemitsu galt ein von ihm i. J. 1636 er-

[1] Durchschnittslöhne für 1908 nach dem Résumé Statistique f. 1911. S. 57; — 1 Yen = 100 Sen = ca. 2.10 Mark.

lassenes Verbot, dass den Auswandernden Todesstrafe androhte. Mit der Wiederherstellung der Kaisergewalt i. J. 1868, die die neue Zeit einleitete, entfiel das Interesse für den Abschluss Japans von der Aussenwelt, mit der inzwischen Verträge abgeschlossen worden waren. Aber die romantische Flucht einiger junger Japaner, die das Ausland und seine Machtmittel kennen lernen wollten, — unter ihnen befand sich auch der nachmalige Fürst Ito, — beweist, dass es bis zur Aufhebung des Verbotes keinem leicht wurde, die Grenzen zu überschreiten.

Die Auswanderung nach dem Westen folgte dem durch die geographische Lage Japans und seinen Verkehr vorgezeichneten Weg. Sie wurde mit der Zeit für den japanischen Handel von Bedeutung, fällt aber numerisch wenig ins Gewicht, hat auch nie die Aufmerksamkeit auf sich gelenkt, bis die Kriege in der Mandschurei und die Schaffung einer Interessensphäre auf dem asiatischen Kontinent dem Handel einen politischen Rückhalt boten. Viel wichtiger war der Zug nach dem Osten. Er folgte nicht dem Handel, sondern wurde künstlich hervorgerufen. In Hawaii fehlte es an Arbeitskräften, und der damals regierende König gab sich viele Mühe, welche heranzuziehen. 1886 gelang ihm der Abschluss eines Vertrages mit der japanischen Regierung, die sich zur Lieferung von Kontraktarbeitern verpflichtete. Nach einigen Jahren war eine starke Auswanderung im Gange, an die Stelle der japanischen Regierung traten Auswandereragenturen, und bald gingen jährlich Tausende nach Hawaii, das nach und nach japanischen Charakter annahm. Von Hawaii setzte sich die Wanderung nach dem amerikanischen Festlande fort, und Agenten, sowie die hohen Löhne im Westen taten das übrige, um auch an der andern Seite des Stillen Ozeans japanische Ansiedlungen zu schaffen, bis der Einspruch der Vereinigten Staaten eine stete Abnahme der japanischen Einwanderung zur Folge hatte. Auch die Auswanderung nach Hawaii, Canada und Mexiko, die eng mit der nach den Vereinigten Staaten zusammenhängt, musste aus politischen Gründen, von der japanischen Regierung eingedämmt werden, so dass die schon recht ansehnlich gewordene Auswanderung bald wieder auf wenige Tausend im Jahr zurückging. Nicht nur die Auswanderung nach Hawaii und Nordamerika, den wichtigsten Zielen, die sich dem japanischen Auswanderer boten, wurde eingestellt, sondern auch die nach Südamerika, die erst seit kurzem aufgenommen worden war und auf die man in Japan grosse Hoffnungen gesetzt hatte. Dasselbe gilt auch von Australien und den Südseeinseln, die allerdings nur eine kleine

Zahl von Japanern aufgenommen hatten. Eine ständig fortschreitende Entwicklung zeigt nur die Wanderungsbewegung nach den japanischen Kolonien, in denen eine jährlich wachsende Zahl von Kindern des Mutterlandes ansässig wird.

Nähere Angaben über die Auswanderung nach den einzelnen Gebieten folgen weiter unten. Hier nur noch einige Erläuterungen zur beigegebenen Uebersicht der Auswandererzahlen von 1880–1909. Natürlich ist auch hier wieder daran zu erinnern, dass es sich nur um eine Registrierung der Passerteilungen handelt, dass also die Zahl der Auswanderer nicht unbeträchtlich grösser sein dürfte, insbesondere in den früheren Jahren, wo die Kontrolle kaum so genau gewesen sein dürfte wie heutzutage: aus demselben Grunde sind auch einige auffallende Schwankungen in einzelnen Rubriken verständlich. Man sieht leicht, wie langsam die Auswanderung selbst nach dem Jahre 1885 zunimmt. Die prozentuelle Zunahme war allerdings in einzelnen Jahren stark, doch waren es verhältnismässig unbedeutende Transporte, die das Land verliessen. Erst 1894/5, mit dem chinesisch-japanischen Krieg, wird das anders: man merkt den Ansporn, den der siegreiche Feldzug im Auslande allen Berufen gibt. 1899 wird der Höhepunkt der Auswanderung erreicht. Dann kommen die Beschränkungen der Regierung in den Zahlen zum Ausdruck, vielleicht auch andere Momente, jedenfalls geht die Zahl der Auswanderer stark zurück, obwohl gerade in jenen Jahren mehrere japanische Schiffahrtslinien durch den Stillen Ozean ihren Anfang nahmen. Vielleicht war auch die Besitzergreifung Hawaiis durch die Vereinigten Staaten von verzögerndem Einfluss. 1902 und 1903 zeigen ein plötzliches Anschwellen der Auswanderung, das man auch auf Hawaii beobachtete, dann gehen die Zahlen wieder herunter, um nach dem Kriege mit Russland eine noch nie erreichte Höhe von fast 59000 zu erklimmen. Dann folgt ein rasches Fallen, denn die Regierung Japans muss energisch eingreifen, und 1909 weist die Statistik nicht mehr Passerteilungen aus als 1884, wobei jedoch zu bemerken ist, dass jetzt niemand mehr ohne Pass ein Auswanderschiff besteigen kann, und dass auch das Ausland nur für Besitzer eines Passes offen steht. Seit 1909 ist die Auswanderung noch weiter zurückgegangen, hat also jetzt einen Tiefstand erreicht, wie vor dem chinesisch-japanischen Krieg.

Die Einteilung nach Berufen lässt leider keine Schlüsse zu, da die Abgrenzung der einzelnen Gruppen wenig glücklich ist und anscheinend häufig, wenigstens in früheren Jahren, die

1899	1900	1901	1902	1903	1904	1905	1906	1907	1908	1909
1277	2105	971	450	560	551	757	515	444	343	368
99	84	116	101	89	45	88	57	77	68	66
809	780	964	1798	1799	1565	1095	3269	3336	645	335
10	11	17	60	45	31	32	71	79	35	24
6241	7308	4883	5238	6243	5505	2487	5271	3726	2151	1621
636	378	236	264	290	229	120	385	383	210	242
1021	2038	355	1254	916	40	4802	30065	13505	7733	6463
188	38	12	20	2	—	564	1945	2883	1217	388
419	1910	612	1028	1128	848	313	265	93	168	101
23	41	10	6	7	7	16	49	4	21	16
30426	19372	6257	12053	13255	12107	3235	7318	9157	3109	976
5622	1282	510	757	903	715	504	728	1428	1351	1234
45	88	76	118	71	35	10	24	15	142	28
1	2	4	2	—	—	2	—	3	11	3
2564	3924	6626	7001	7954	4328	4134	6743	6350	2892	2909
1646	1978	2370	2700	2371	1359	1337	2145	2143	1215	955
42802	37525	20759	28990	31956	24981	16833	53171	36627	17183	12801
8255	3814	3275	3910	3707	2395	2633	5380	7000	4161	2939
51057	41339	24034	32900	35653	27377	19466	58351	43627	21344	15740

Tabelle XV. — PASS-ERTEILUNGEN NACH DEM AUSLANDE.

(Nach den statistischen Jahrbüchern.)

		881	882	88	884		1886	1887	1888	1889	1890	1891	1892		1893	1894	1895	1896	1897	1898	1899	1900	1901	1902	90	90	905		
M.	264	24	131	61	138	292	117	105	69	98	119	337	273		315	227	279	750	251	1420	1277	2105	971	450	560	551	757	515	41
F.	43	2	16	14	9	11	16	21	13	17	21	13	42		9	11	39	60	50	42	99	84	116	101	89	45	88	57	7
M.	37 (a+b)	8	27	14	1	7	14	21	11	10	13	17	10	M (a+b)	319	282	362	351	434	636	809	780	964	1798	1799	1565	1095	3269	333
F.		—	—	—	—	—	—	—	—	2	2	—	—																
M.		10	30	46	90	265	375	386	365	304	333	342	315	Fr (a+b)	4	7	12	13	5	10	10	11	17	60	45	31	32	71	7
F.	5 (a+b)	1	2	2	4	—	4	8	3	12	13	3	9																
M.	431	358	315	410	315	365	585	763	1105	1395	[illegible]	1562	1758		1996	3854	5145	2670	5172	5373	6244	7308	4883	5288	6243	5505	2187	5271	372
F.	67	29	46	350	67	29	130	92	146	156	157	162	94		181	232	470	444	649	514	656	378	236	264	290	229	120	385	38
M.	22	9	13	10	—	5	7	23	16	68	73	165	1478	Landwirtschaft und Fischerei	2553	[illegible]	2882	3274	7564	99	1021	2038	355	1254	916	40	4802	30055	1350
F.	2	1	1	—	—	—	2	—	1	4	4	5	2		39	281	110	21	840	37	188	38	12	20	2	—	561	1945	288
M.	118 (c+d)	87	41	14	51	27	79	80	104	143	150	195	850		530	682	996	357	427	276	419	1910	612	1028	1128	848	313	265	9
F.		85	80	—	—	—	9	2	7	16	17	11	5		36	26	38	24	31	10	23	41	10	6	7	7	16	49	
M.		54	60	52	158	1843	892	2360	3416	4035	4056	6801	3409		4905	3397	6428	15170	3909	18057	30126	19372	6257	12053	13255	12107	3235	7318	915
F.	148 (c+d)	112	249	48	82	351	326	431	733	928	1162	1954	855		1276	895	1552	2219	922	2973	5622	1282	510	757	903	715	504	728	142
M.	—	—	—	6	19	11	17	15	14	19	33	13	32		46	20	12	13	26	573	45	88	76	118	71	35	10	24	1
F.	—	—	1	—	1	—	—	—	—	1	2	1	—		2	—	—	2	7	32	1	2	4	2	—	—	2	—	
M.	140	179	176	252	191	132	229	233	303	259	289	1504	508		935	1019	1629	1275	3011	1564	2564	3924	6626	7001	7951	4328	4131	6743	635
F.	233	108	86	110	109	122	205	195	245	313	311	530	559		500	857	2147	619	523	1051	1646	1978	2370	2700	2371	1359	1337	2145	214
M.	1012	729	793	865	1282	2948	2315	3987	5104	6323	6177	10939	8643		11629	14416	18033	24163	20824	28618	42802	37525	20759	28990	31956	24981	16833	53171	3662
F.	498	338	481	525	272	513	692	719	1148	1449	1689	2679	1565		050	2310	4378	3402	3033	4679	8255	3814	3275	3910	3707	2395	2633	5380	70
						3461	3007	4736	6552	7772	8166	13618	[illegible]		13679	16726	22411	27565	23857	33297	51057	41339	21031	32900	35653	27377	19166	58351	

Zuteilung der Gezählten zu den einzelnen Gruppen ziemlich unzuverlässig ist. Auch ist die Abteilung, „Verschiedene" zu stark besetzt, und die Schwankung in den Zahlen für diese und andere Abteilungen zu gross, als dass ich es unternehmen möchte aus der Berufsstatistik Folgerungen zu ziehen.

Die Ziele der Auswanderung haben in der Hauptsache wenig gewechselt, so dass das oben für die letzten Jahre Gesagte keiner Ergänzung bedarf.

Leider versagt die Statistik auch, wenn es sich darum handelt, die Herkunft und die übrigen Personaldaten der Auswanderer festzustellen. Die Verteilung der Auswandernden über das Land ist aber so ungleich, dass sie sofort auffällt. Zumeist stammen sie nämlich aus dem Süden und Südwesten des Reiches, also der westlichen Spitze von Honshū und Kyūshū. Eine weniger starke Abwanderung weisen die übrigen Küsten der Inlandsee und einige Regierungsbezirke in Nordhonshū auf. 1905 sollen von 74000 Japanern, die es damals auf Hawaii gab, zwei Drittel aus dem Regierungs Bezirk Hiroshima gewesen sein[1], und in den Jahren 1899–1903 wurden Pässe ausgeteilt[1] im Regierungs Bezirk:

Tabelle XVI.

Hiroshima	21871
Kumamoto	12149
Yamaguchi	11219
Fukuoka	7698
Niigata	6698
Wakayama	3750
Nagasaki	3548
Hyōgo	3532
Okayama	2176
Miyagi	1613
Fukushima	1613
in ganz Japan	84576

Es entfielen also auf Hiroshima allein ein Viertel, auf die 3 zuerst angeführten Bezirke mehr als die Hälfte aller Auswanderer. Persönliche Nachfragen bestätigten mir, dass auch

1) *Y. Yoshida*, Sources and causes of Japanese emigration; in „Annals of the American Academy of pol. & soc. science. Vol. XXXIV/2 Sept. 1909. Philadelphia S. 377/87.

heute noch der Südwesten des Landes die meisten Auswanderer stellt. Eine der grössten von den 4 gegenwärtig noch tätigen Auswanderungsgesellschaften unterhält nur 4 Agenturen u. zw. in Hiroshima, Kumamoto, Wakayama und Okinawa (Lyū-Kyū Inseln). Der Bezirk, aus dem die meisten Mädchen auswandern, ist der von Nagasaki (besonders Shimabara.)

Die Gründe für diese Konzentrierung der Auswanderung sind nicht leicht nachzuweisen. Einige der wichtigsten Auswanderungszentren haben nach *Fesca*[1] arme Böden, auch scheinen die Besitzverhältnisse der Bauern ungünstig zu sein.[2] Dagegen dürfte die Bevölkerungsdichte oder die starke Bevölkerungszunahme allein kaum eine triftige Erklärung abgeben, wie aus den mitgeteilten Ziffern der Bevölkerungsstatistik hervorgeht. Auch die japanischen Autoren *Yoshida* und *Ogawahira*[3] glauben nicht an einen Zusammenhang zwischen Bevölkerungsdichte und Auswanderung. Man darf allerdings nicht vergessen,— und ich glaube, dass insbesondere *Ogawahira* dies tut, — dass die Bevölkerungsdichte eines Regierungs-Bezirkes durch eine Ziffer ausgedrückt wird, die keineswegs darüber aufklärt, ob der Bezirk übervölkert ist oder nicht: denn die stärkste Besiedlung und geringste Abwanderung haben natürlich die Städte; man müsste also die Daten über die ländlichen Kreise haben, um sicher zu gehen. Zweifellos ist es eine Kombination von Gründen wirtschaftlicher Art, die den Boden für die Auswanderung bereitet. Es dürften aber andere Momente sein, die den Ausschlag geben, und *Yoshida* hebt sie m. E. richtig hervor. Zunächst handelt es sich durchaus um Küstenbezirke, deren Bevölkerung mit dem Gedanken an Seefahrt und Handel am längsten vertraut ist, die auch meist über bessere Verkehrswege zur Küste verfügt, als dies im Innern von Honshū der Fall ist. Dann aber ist die Bevölkerung des japanischen Südens anscheinend lebhafter, unternehmungslustiger und energischer als die der übrigen Landesteile, und es ist kein Zufall, dass dieselben Landstriche die Männer gestellt haben, welche die ganze neue Geschichte Japans seit der Restauration gemacht haben und auch heute noch machen. Schliesslich dürfte auch der Zufall eine Rolle gespielt haben, indem er die Errichtung einer Agentur oder die Förderung der Auswanderung durch

---

[1] *M. Fesca.* Beiträge zur Kenntnis der japanischen Landwirtschaft. 2 Bde. Tōkyō 1890.

[2] *Y. Yoshida.*

[3] *R. Ogawahira.* Nihon imin ron; Tōkyō 1905; 4. Kap.

einen eifrigen Regierungs-Beamten verursachte. Es ist ja bekannt, dass eine erfolgreiche Auswanderung bezirksweise ansteckend wirkt, so dass die Pioniere einer solchen Bewegung von Jahr zu Jahr mehr Nachahmer finden, ja dass es sogar mancherorts Sitte wird, eine zeitlang im Auslande zu arbeiten; das ist hier namentlich deshalb leicht möglich, weil fast alle japanischen Auswanderer nach einigen Jahren in die Heimat zurückkehren und durch ihre Erfolge einen dauernden Ansporn für ihre Mitbürger abgeben.

Am allerschwersten ist es, sich über die Beschaffenheit des Menschenmaterials Klarheit zu verschaffen, das Japan auf Auswandererschiffen verlässt. Man ist hier zu einem grossen Teil auf eine der unzuverlässigsten Quellen, die Aeusserungen der Presse angewiesen, aus der ein Chor einander widersprechender Urteile ertönt. Auf japanischer, wie auf nicht japanischer Seite gibt es sowohl überschwengliches Lob als auch die heftigsten Verurteilungen über die Leistungsfähigkeit und die sozialen und moralischen Eigenschaften der japanischen Auswanderer. Um hier klarer zu sehen, muss man unterscheiden zwischen der Beurteilung der Japaner im allgemeinen, ihrer Eignung zur Kolonisation und zur Einwanderung in andere Gebiete und zwischen der Beurteilung des tatsächlich ausgewanderten Menschenmaterials. Auch diese Einzelfragen sind nicht leicht zu beantworten. Den Charakter des japanischen Volkes zu beurteilen, ist eine Aufgabe für sich, der ich mich hier nicht unterziehen möchte: die Literatur über Japan ist umfangreich genug, um darüber Auskunft zu geben.[1] Den Befähigungsnachweis für ihre Eignung als Kolonisatoren, soweit es sich um Leistungen der Regierung handelt, haben die Japaner in Formosa und Korea erbracht. Die Geschlossenheit ihrer durchaus nationalen Kultur, das Ergebnis einer langen geographischen und geschichtlichen Abschliessung, befähigt sie in hervorragendem Masse, ihre Nationalität und Lebensweise unter andern als den heimischen Verhältnissen festzuhalten. Eine andere Frage ist es, ob sie sich zur Assimilation an fremde Kulturen eignen. Darum handelt es sich für sie bei der Einwanderung nach Nordamerika, dem einzigen Kulturgebiet, in dem sie in nennenswerter Anzahl sich anzusiedeln versucht haben. In China

---

[1] Leser, die sich zu unterrichten wünschen, verweise ich auf das bekannte Buch von *B. H. Chamberlain*, Things Japanese. 5. Aufl. London 1905, und auch die Schriften *Rathgens* und *Munzingers* über Japan.

bestehen meist nur Handelsniederlassungen, und in der Mandschurei herrscht japanische Verwaltung, so dass den Japanern schon durch äussere Machtmittel ein Vorsprung gegeben ist. Ueberdies kommt bei den bestehenden politischen Verhältnissen eine Anpassung der Japaner an die Chinesen gar nicht in Frage. Neben der Assimilierbarkeit ist natürlich die wirtschaftliche Leistungsfähigkeit von Wichtigkeit. Obwohl die Einwanderung nach dem amerikanischen Kontinent weiter unten eingehender besprochen werden soll, muss ich doch hier vorwegnehmen, was über die Japaner als Auswanderer im allgemeinen Aufschluss geben kann.

Der grösste Teil der Japaner, die in Hawaii oder auf dem amerikanischen Festlande Beschäftigung finden, besteht aus landwirtschaftlichen Hilfskräften, aus Handwerkern und ungelernten Arbeitern. Ueber ihre wirtschaftlichen Leistungen habe ich keine Klage vernommen. Wenn es irgendwo zu Unfrieden zwischen den japanischen Arbeitern und den Arbeitgebern oder deren Beamten kam, so waren die Ursachen fast nie in der Arbeit selbst gelegen. In Bezug auf Behandlung sind die Japaner allerdings anspruchsvoll: aber ihre Arbeit besorgen sie fleissig, haben viel Liebe und Verständnis für landwirtschaftliche Tätigkeit und für die Gewerbe, die sie bereits in der Heimat kennen gelernt haben, z.B. Tischlerei, Schneiderei, Schusterei, sie sind gute und geschickte Dienstboten und Friseure. Ihre Art zu arbeiten ist allerdings oft von der der Europäer und Amerikaner verschieden. Sie nehmen die Arbeit nicht so ernst, arbeiten weniger hastig und gründlich und sind nicht so darauf bedacht, an einer bestimmten Stundenzahl festzuhalten. Sie sind eher geneigt, länger zu arbeiten, dafür aber Pausen einzulegen, während der Arbeit zu essen, zu rauchen und zu schwatzen, und das soll manche Unruhe auf den Arbeitsstellen verursacht haben. Aber schliesslich ist man mit den Leistungen fast überall zufrieden gewesen, und nach einiger Zeit gewöhnen sich auch die Neuankömmlinge an die herschenden Sitten, besonders, da sie ausserordentlich ehrgeizig und lerneifrig sind. Wenn also die Japaner auch nicht die Chinesen als Arbeiter erreichen, so halten sie doch den Vergleich mit allen übrigen Arbeitern in den aufgezählten Beschäftigungen aus, ja sie haben sich sogar in manchen, wie z.B. den landwirtschaftlichen Arbeiten grosse Beliebtheit bei ihren Arbeitgebern verdient. Diese wird nun einigermassen dadurch getrübt, dass die japanischen Arbeiter, schwer zu behandeln sind. Sie sind, wie die im Abschnitt, über

Amerika anzuführenden Quellen bezeugen, sehr empfindlich gegen schlechte Behandlung, insbesondere gegen jede Verletzung der Gleichstellung mit den weissen Arbeitern. Da die Japaner in den Ländern westlicher Kultur fast durchwegs an die Stelle der chinesischen traten, und die Nord- und Südamerikaner nicht immer imstande sind, den Unterschied festzuhalten, so hat dieser Umstand oft Grund zu Misshelligkeiten gegeben, namentlich, da die Japaner, bei ihrer Abneigung gegen die Chinesen, mit diesen nicht verglichen werden wollen. Natürlich werden auch Klagen über die Japaner laut, von denen übrigens ein Teil wieder darauf zurückzuführen ist, dass man sie in den Vereinigten Staaten und den britischen Kolonien mit den Chinesen vergleicht. Man beklagt, dass sie im kaufmännischen Verkehr und beim Abschluss von Werkverträgen unzuverlässig, dass sie zu sehr auf ihren Vorteil bedacht und daher als Dienstboten, Arbeiter u.s.w. wenig anhänglich sind, schliesslich auch, dass sie zu sehr zusammenkleben, jeden erreichbaren Vorteil ihren Landsleuten zuwenden, diese überall nachziehen und dadurch bei ihrem wirtschaftlichen Vordringen zugleich auch geschlossene Gruppen bilden und andere Nationen systematisch verdrängen. Alles in allem sind das keine allzuschweren Vorwürfe, verglichen mit denen, die z.B. gegenüber Arbeitern anderer Nationalität in den Vereinigten Staaten erhoben werden. Dagegen ist es sehr hoch zu veranschlagen, wenn selbst prinzipielle Gegner der Einwanderung, insbesondere der asiatischen, gegen die der Japaner wenig ernste Einwendungen zu machen haben.

Was die endgültige Assimilierbarkeit anbelangt, so ist ein abschliessendes Urteil hierüber, wie es scheint, noch nicht möglich. Die wenigen Erfahrungen, die seit 20 Jahren etwa auf dem amerikanischen Festland gesammelt werden könnten, reichen zu einer Beantwortung der Frage nicht aus. Nur scheint es, als ob bis in die letzte Zeit bei den Japanern im Auslande sehr wenig Neigung geherrscht hätte, sich einer fremden Umgebung rückhaltlos anzupassen. Zu stark hält noch die Geschichte des japanischen Inselreiches seine Kinder zusammen, zu gross sind die Unterschiede, die sich einem solchen Vorgang entgegenstellen.

Teilweise wird der geringe Einfluss der fremden Umgebung auf die Japaner im Auslande aus der Geschichte der Auswanderung erklärt. Die Auswanderer, die als Kontraktarbeiter ins Ausland gingen, blieben nur die wenigen Jahre, die ihnen durch den Kontrakt vorgeschrieben waren und kehrten dann mit ihren Ersparnissen in die Heimat zurück. Sie dachten gar nicht daran, sich dem Auslande mehr anzupassen, als ihres Aufenthalts in der Fremde wegen unbedingt nötig war: im Gegenteil, das Aufgeben ihrer billigeren heimischen Lebensweise hätte sie um einen grossen Teil ihrer Ersparnisse gebracht, und wie hätten sie sich innerlich einer Umgebung anpassen sollen, an deren geistigem und Gefühlsleben sie aus Mangel an Sprachkenntnissen und Vorbildung nicht teilnehmen konnten? Immerhin scheint sich auch hier ein Wandel anzubahnen. Die Aufenthaltsdauer der Auswanderer im Auslande nimmt zu, ihre Anhänglichkeit an die heimischen Lebensgewohnheiten, ja sogar an das Vaterland nimmt ab. Die neue Zeit, die mit ihr in Japan eingedrungene westliche Kultur und der Kapitalismus zersetzen das feste Gefüge des japanischen Lebens und der japanischen Weltanschauung wenigstens soweit, dass es manchem heimgekehrten Auswanderer, namentlich solchen, die inzwischen mit dem Auslande innigere Fühlung gewonnen haben, in der Heimat zu enge wird, ganz so, wie das auch in andern Ländern der Fall ist. Ein japanischer Gewährsmann, der das Ausland und die Auswanderungsfrage sehr gut kennt, sagte mir, die Auswanderer blieben jetzt länger als früher in der Fremde und assimilierten sich auch mehr, da sie heutzutage " freier dächten." In Zahlen lässt sich diese Veränderung kaum feststellen, besonders, da die Angaben hierüber spärlich sind. *Ogawahira* berichtet im Jahre 1905[1], dass die abgeschlossenen Verträge der Kontraktarbeiter einen Aufenthalt von 2–5 Jahren im Auslande vorsehen: 2 Jahre auf den Philippinen, 3 Jahre in Hawaii, Queensland, Mexiko u.s.w., 4 in Peru, 5 in Neukaledonien. Eine von ihm im Jahre 1902 im Reg. Bez. Wakayama vorgenommene Feststellung habe eine Durchschnittsdauer der Abwesenheit von 4 Jahren 4 Monaten ergeben. Inzwischen dürfte, nach Angaben, die mir im Bureau einer Auswanderungsgesellschaft gemacht wurden, die Fristen etwas länger geworden sein. Zwar werden die Kontrakte noch immer für 2–4 Jahre gemacht, aber die meisten der Auswanderer verlängern ihre Kontrakte, etwa um 3 Jahre, und von den Zurückkommenden wandern viele noch einmal aus, so dass es begreiflich ist, wenn für Hawaii neuerdings ein Durschnittsaufenthalt von 10 Jahren angegeben wird. Zum Teil wird dieser Wandel schon durch die sorgfältigere Auswahl der

---

[1] a.a.O. 6. Kap.

Auswandernden durch die Gesellschaften und die Polizei erklärt, zum Teil auch durch die bessere Anpassung an die fremden Länder, in denen der Aufenthalt inzwischen für Japaner angenehmer geworden ist, da in ihnen, z.B. Hawaii, Californien u.a. japanische Kolonien mit allerhand Annehmlichkeiten und besonderen Einrichtungen für Japaner entstanden sind. Andrerseits erklärt auch wieder die längere Dauer des Aufenthalts der Japaner in der Fremde ihre bessere Anpassung an diese, die grössere Auswanderung von Frauen, die grössere Zahl der japanischen Geburten im Auslande und die grössere Sesshaftigkeit der Japaner in ihrer neuen Heimat. Die Lebensverhältnisse der japanischen Kaufleute im Auslande wurden natürlich durch den Entwicklungsgang der Auswanderung weniger berührt, da sie ja besser vorgebildet, und in engerer Fühlung mit der Bevölkerung der Einwanderungsländer, weniger Zeit brauchen, um sich zu assimilieren, besonders da ihr Beruf sie ja ohnehin zu einer Anpassung zwingt.

Auch die Qualität der Auswanderer verändert sich. Als die Auswanderung mit den von der Regierung vermittelten Kontraktarbeitern nach Hawaii anfing, waren die einzelnen Arbeiter ziemlich sorgfältig ausgewählt. Erst die Auswanderungsagenturen hatten ein Interesse daran, die Zahl der Auswanderer zu vermehren, ja sogar an Stelle der bäuerlichen Arbeiter ohne Kapital, solche mit kleinen Ersparnissen zu befördern, mochten sie auch zur Feldarbeit weniger geneigt und geeignet und moralisch nicht immer einwandfrei sein. So kam viel städtisches Proletariat ins Ausland. Zum Teil Leute, die sich auch daheim wenig nützlich gemacht hatten; nicht für jeden ist aber das Ausland eine Besserungsanstalt. Der Hauptteil der Auswanderer waren durchwegs einfache Leute, aus ländlichen Verhältnissen, meist ehemalige Bauern, (nach europäischen Vorstellungen Kleinbauern und Landarbeiter) zum Teil Handwerker und Dienstboten. Dem entspricht auch ihre Verwendung im Auslande: von den Japanern, die sich im Jahre 1902 im Auslande befanden, war die erdrückende Mehrheit landwirtschaftlich beschäftigt[1] und wir haben oben (S. 17) gesehen, dass auch heute noch Landwirte und ungelernte Arbeiter neben Handwerkern und den Verkäufern persönlicher Dienstleistungen überwiegen. Die Auswanderer sind meist erwachsen und weniger als 50 Jahre alt. Obwohl heute mehr

[1] *Ogawahira* a.a.O. 7. Kap.

Frauen auswandern als früher, ist die Zahl der Familien die Japan verlassen, verhältnissmässig gering. Meist gehen die Männer allein fort und lassen ihre Familie zurück. Geht es ihnen dann im Auslande so gut, dass sie ihren Aufenthalt zu verlängern gedenken, so rufen sie manchmal, in neuerer Zeit öfter, ihre Frau und ihre Kinder nach, und oft lassen sich auch ledige Japaner, vielleicht solche, die erst im Auslande herangewachsen sind, durch in Japan stets in Anspruch genommene Heiratsvermittler Bräute besorgen, die dann allein die Reise antreten.

Ueber die moralische Beschaffenheit der Auswanderer hört man die verschiedensten Urteile. Die vom Lande kommenden bieten meist keinen Anlass zur Klage. Dagegen scheinen das städtische Proletariat und die Bergbaudistrikte nicht die besten Elemente abzugeben. Man hat natürlich in Rechnung zu ziehen, dass die Auswanderer durchwegs einfache Leute aus den unteren Schichten sind, dass sie daher Versuchungen leichter anheimfallen, und dass sich unter den Auswanderern aller Staaten stets eine Reihe abenteuerlustiger Gesellen befindet. Ueber das Material an Menschen, das Japan abgibt, ist wiederholt Klage geführt worden, besonders in den japanischen Kolonien, in denen man sich schliesslich, um taugliche Ansiedler zu gewinnen, genötigt gesehen hat, das Einwanderungswesen in die Regie der Kolonialregierungen zu übernehmen. Namentlich brachte der russische-japanische Krieg eine Reihe unerwünschter Existenzen auf das asiatische Festland, und die Koreanische Generalresidentur (das spätere Generalgouvernement) hatte alle Mühe wieder reinen Tisch zu machen. Auch aus den Vereinigten Staaten kamen Klagen aller Art, selbst aus japanischem Munde, und die Berichterstatter, die das Auswärtige Amt in Tōkyō aussandte, brachten aus Südamerika und andern Orten gleichfalls manche ungünstige Nachricht mit. Im allgemeinen aber scheint auch hier das Schlimmste überwunden zu sein und die sorgfältige Auswahl, der heute die Auswanderer unterzogen werden, bürgt dafür, dass die Klagen nach und nach verstummen werden; trotzdem bleibt noch der Umstand übrig, dass die Japaner daheim und im Auslande nicht immer gleich zu bewerten sind. Die strenge Kontrolle, der in der Regel jeder Japaner durch seine Familie und vielerlei andere Verpflichtungen ausgesetzt ist, und die *Lafcadio Hearn* als einen starken „Druck von allen Seiten" bezeichnet, der ihm so charakteristisch scheint, dass er durch ihn das ganze Gesellschaftsleben Japans zu erklären sucht, fällt im Auslande fort, und der japanische Sittenkodex, der so sorgfältig jede Einzelheit regelt, hat den Fall der Auswanderung nicht vorgesehen. So kommen immer wieder Klagen darüber, dass sich Japaner im Auslande zu sehr gehen lassen und nach dem Grundsatz leben: Im Auslande brauche man sich nicht zu genieren.[1] Er ist selbstverständlich, dass diese Grundsätze ausgetilgt werden müssen, um allen Anständen vorzubeugen.

Auch das japanische Urteil über die Eignung der Japaner als Kolonisten ist nicht sehr günstig. Die japanische Zeitschrift „Taiyō“ (die Sonne) hat in einer Sondernummer i.J. 1910 eine Reihe führender Männer hierüber zu Worte kommen lassen.[2] Männer wie *Sawayanagi*, *Ebina*, Prof. *Kawai* und Major *Nezu* (ein Kenner Chinas) fällen ein hartes Urteil über die kolonisatorischen Fähigkeiten der Japaner: Sie hätten keine Ausdauer heisst es da, keinen moralischen Mut, verglichen mit dem der Westländer, keine wahre Freude am Unternehmen und an Abenteuern und keinen genossenschaftlichen Geist. Ausserdem wären sie noch zu fremdenfeindlich und nicht imstande, sich dem Auslande wirklich anzufreunden, ihr japanisches Wesen auch nur für kurze Zeit zu vergessen oder ihre heimischen Sitten und Anschauungen abzulegen; dabei verliessen sie sich zu sehr auf die Initiative der Regierung und seien viel zu genusssüchtig, als dass sie in der Arbeit aufgingen. Dem chinesischen Kuli sei der japanische an Genügsamkeit, Arbeitsamkeit, Sparsamkeit, Ausdauer, Kraft und Gesundheit unterlegen, und das höchste Streben des Japaners der besseren Schichten im Auslande sei, ein extravagantes Leben zu führen, was natürlich dem Fortkommen abträglich sei. Während ich dieses Urteil auf Grund meiner Erfahrungen und Beobachtungen und der Ergebnisse der vorliegenden Untersuchung in der Hauptsache für richtig halte, sind die den kolonisatorischen Eigenschaften der Japaner günstigen Urteile weniger gewichtig, z.T. geradezu durch Tatsachen wiederlegt, z.B. die Behauptung von der physischen Anpassungsfähigkeit an alle Klimate. Das Beste, was zugunsten der Japaner als Kolonisatoren angeführt wird, ist charakteristischerweise ihr Vergleich mit den Philippinern, unter denen sie

---

1) Vergl. Bericht des Dolmetscher-Sekretärs *K. Ito* im Band V der gesammelten Berichte des Min. des Ausw. (über Peru) Tōkyō, Dez. 1910. — Ebenso *Aubert* a.a.O.S. 322. u.a.

2) Auszugsweise wiedergegeben in einem Artikel von *Historicus* (*Dening*) im *Japan Chronicle*, Weekly ed. 23. V. 1912.

sich nach Aussage des Konsuls *Yokichi* in Manila als Einwanderer hervorgetan haben.

Der Weg, den die Auswanderung nimmt, führt meist über die grossen Häfen, besonders Yokohama, Kōbe, Nagasaki und Shimonoseki (Mōji), denn selbstverständlich ist die Auswanderung ausschliesslich auf den Wasserweg angewiesen. Die Ueberfahrt nach dem asiatischen Festlande wird wohl gelegentlich durch Tramp-Schiffe besorgt, sonst aber sind es die regelmässigen Linien der grossen Gesellschaften, die den Verkehr vermitteln. Gegenwärtig unterhalten 3 japanische Schiffahrtsgesellschaften regelmässige Linien, die für die Auswanderung von Wichtigkeit sind: Die Nippon-Yūsen-Kwaisha, die Dampfer nach Seattle laufen lässt, die Tōyō-Kisen-Kwaisha, die eine Linie nach San Francisco und eine nach Südamerika (Manzanilla — Santa Cruz — Callao — Iquique — Valparaiso) unterhält, (die letztere seit 1906) und die Ōsaka-Shōsen-Kwaisha, die seit zwei Jahren den Verkehr mit Tacoma aufgenommen hat. Ausserdem kommen eine Reihe englischer und amerikanischer Linien in Betracht, die von der Royal Mail S. S. Co., der China Mutual Navigation S. S. Co., der Great Northern S. S. Co., der Boston S. S. Co., der Portland Asiatic S. S. Co., der Pacific Mail S. S. Co., der Oriental S. S. Co., der Oceanic S. S. Co., beigestellt werden. Fast alle Schiffe legen in Hawaii an.

Die Auswanderer zerfallen nach der Art ihrer Beförderung in 3 Gruppen: 1) selbständige Auswanderer, die ohne die Hilfe von Agenturen auswandern: das sind insbesondere diejenigen, die ihren Bekannten und Verwandten ins Ausland folgen; 2) von Agenturen beförderte "freie" Auswanderer, die ohne Kontrakte auswandern und 3) von Agenturen beförderte Arbeiter, die unter Kontrakt, meist in grösseren Transporten an ihr Reiseziel geschafft werden. Diese Klasse von Auswanderern kommt hauptsächlich für Hawaii, Südamerika und die Inseln Australiens in Betracht. Die Gruppen 2 und 3 überwiegen weitaus, wenn auch heute nicht mehr so wie früher. Er ist daher notwendig, die japanischen Auswanderungsgesellschaften etwas eingehender zu besprechen.

Die japanische Auswanderung nahm ihren Anfang bekanntlich mit der Aussendung von Kontraktarbeitern, die von der Regierung für die Pflanzungen auf Hawaii besorgt wurden. Um 1896, also etwa 10 Jahre später, nach dem chinesisch-japanischen Kriege, gab die Regierung die Vermittlerrolle auf. Es hatte Schwierigkeiten mit Hawaii gegeben, während des Krieges hatte natürlich die Auswanderung eingeschränkt werden müssen, und aus demselben Grunde hatten wohl auch schon die Pflanzer von Hawaii begonnen, in Japan Agenten zu unterhalten. Der Aufschwung nach dem siegreichen Kriege und die grosse Zahl der zurückgekehrten Soldaten gab der Auswanderung einen starken Antrieb, und zugleich war dies die Zeit, in der rasch eine ganze Reihe von Auswanderungs-Agenturen (bezw. Gesellschaften) aufkamen. Es ist klar, dass die Vermittlung und Beförderung von Kontraktarbeitern den natürlichen Boden für das Bestehen solcher Agenturen bot. Es kam aber noch manches hinzu, was ihr Geschäft förderte und ihnen geradezu ein Monopol verleihen musste. Die Regierung hatte seinerzeit das Vermittlungsgeschäft mit Gewissenhaftigkeit besorgt, den Pflanzungen genügsame und fleissige Feldarbeiter geliefert, die bei der Billigkeit und Anspruchslosigkeit jener Tage leicht zu haben waren, da der verhältnismässig hohe Lohn in Hawaii eine grosse Anlockung, die harte Arbeit aber nichts Ungewohntes war. Das von den Pflanzern für die Vermittlung bezahlte Geld verwendete die Regierung sorgfältig für den Transport und als Rückhalt für die krank oder notleidend gewordenen Auswanderer, sowie für ihre Zurückschaffung. Die Auswanderergesellschaften, die das Geschäft von der Regierung übernahmen, waren natürlich nicht mehr so uninteressiert wie die Regierung, obwohl es scheint, dass diese beim Entstehen der Agenturen Pate gestanden habe. Bald versuchten die Gesellschaften, nicht bloss mittellose Leute anzuwerben, sondern solche mit etwas Vermögen. Von diesen wurde unter allerhand Vorwänden Geld genommen, obwohl die Pflanzer ja für jeden gelieferten Arbeiter zahlten, ja man ging sogar dazu über, den Auswanderern Geld zu leihen und sie dadurch in eine Schuldknechtschaft zu zwingen, die von Seiten der Gesellschaften ebenso wohldurchdacht als unlöslich gemacht worden war. Dies alles wurde durch Massregeln der japanischen Regierung erleichtert, die eigentlich zum Schutze der Auswandernden getroffen worden waren. Gleichzeitig mit der Abgabe des Vermittlungsgeschäfts an die Agenturen hatte die Regierung nämlich ein Gesetz zum Schutze der Auswanderer erlassen (1894, dann 1896), dessen Inhalt unten wiedergegeben ist. Dieses Gesetz machte die Auswanderung jedes einzelnen von der Bewilligung der Behörden abhängig, bestimmte, dass für den Fall der Not und der Rückbeförderung Bürgschaft gestellt werden müsse und gab durch diese Vielregiererei die armen und unwissenden Auswanderer ganz in die Hände der Gesellschaften, vor denen sie eigentlich geschützt werden sollten. Denn diese, die anscheinend zunächst enge Fühlung mit der Regierung hatten, verschafften sich bald das Monopol, Auslandspässe zu erlangen, da diese ja nur ausgefolgt wurden, wenn die Erfordernisse für die Ueberfahrt, Bürgschaft u. dergl. erfüllt waren. Die Regelung der Bürgschaftverhältnisse aber führte bald dazu, dass die Auswanderer den Gesellschaften gegenüber dafür bürgten, dass sie ihre Verpflichtungen, besonders die Rückzahlung der Vorschüsse getreulich erfüllen würden. Die Gesellschaften waren gut organisiert und hatten eine gemeinsame Bank, die Kei-hin-Bank, die die Vorschüsse zu 12½% hergab und das hinterlegte Bürgschaftsgeld mit 4% verzinste. Da sich nun Agenten und Bank, daneben auch Unterkunftshäuser und Schiffahrtsgesellschaften in die Hände arbeiteten, war der Auswanderer, für dessen Ueberfahrt noch dazu die Pflanzer ausreichend gezahlt hatten, (den Auswanderungsbureaus natürlich) in ein Netz verstrickt, aus dessen Maschen er ohne grosse Opfer nicht loskommen konnte.[1] Die Tätigkeit der Auswanderungsgesellschaften hatte also zur Folge, dass die Auswanderung wuchs, dass die Qualität der Arbeiter abnahm, die einzelnen Auswanderer bereits stark verschuldet ankamen und unzufrieden wurden, wenn sie sahen, dass die Schulden sich nicht so leicht abzahlen liessen, als sie auf Grund der ihnen gemachten Versprechungen geglaubt hatten, und dass sich von der schweren Arbeit der armen Ausgewanderten eine Schar von nicht selten gewissenlosen Zwischenmännern ernährte. Diese Zustände, die aus den freien Auswanderern für mehrere Jahre Lohnsklaven machten, führten unter den Japanern Hawaiis zur Begründung einer "Japanese Reform Association," die von ihrer Regierung die Befreiung der Auswanderung von allen Beschränkungen verlangte.

Das Auswanderungsgeschäft hingegen scheint ein sehr blühendes gewesen zu sein. Im Jahre 1899 bestanden 12

---

1) Vergl. Third Report of the Commissioner of Labor on Hawaii. 1905. Washington. 1905. S. 149 ff. wo auch einige Hinterlegungsurkunden der Kei-hin-Bank wörtlich wiedergegeben sind. Aus ihnen geht durchwegs hervor, dass die Auswanderer ihre Einlage, die doch eigentlich zu ihrer Sicherstellung bestimmt war, selbst im Falle von Krankheit u.s.w. erst nach Abtragung ihrer Schulden an die Bank wiedersehen konnten.

Gesellschaften mit 558999 Yen Kapital,[1] und das rasche Ansteigen der Auswanderungsziffern seit 1896 (siehe Tabelle XV) beweist, dass sie ihren Geschäftskreis erfolgreich zu erweitern wussten. Ja, es scheint sogar, dass sich die Auswanderungsgesellschaften mit Hilfe ihres Monopols und ihrer Organisation auch die Pflanzer Hawaiis tributpflichtig gemacht haben, die genötigt wurden, den Gesellschaften Beihilfen zu zahlen. Selbst als 1900 Hawaii als amerikanisches Gebiet erklärt, und damit die Einführung von Kontraktarbeitern entsprechend den amerikanischen Einwanderungsgesetzen straffällig wurde, ist es den Gesellschaften noch gelungen, die Pflanzer durch eine Abschnürung der Einwanderung bis zum Jahre 1905 gefügig zu erhalten.[2]

Den Pflanzern konnte natürlich die Verschlechterung des einwandernden Arbeitermaterials und die Verteuerung der Beschaffungskosten nicht gleichgültig sein, aber sie waren zunächst wehrlos. Es kam für sie sogar noch schlimmer. 1901 wurde von der japanischen Regierung die Erteilung von Pässen nach dem amerikanischen Festlande, u.z. sowohl den Vereinigten Staaten als auch nach Kanada auf Grund von Vereinbarungen eingeschränkt. Der Erfolg war, dass nun Hawaii Durchgangsstation für das Festland wurde.

Es wanderten aus:[3]

TABELLE XVII.

	1900	1901	1902	1903
Nach Hawaii	1529	3136	14490	9091
„ V. St. A.	7585	32	70	223
„ Canada	2710	0	35	16

Eine ganze Organisation von Agenten betrieb die Weiterbeförderung der Japaner von Hawaii nach dem Festlande, wo höhere Löhne winkten, wo es keine Kontraktarbeit mehr gab und wo man nach dem Aufenthalt in Hawaii, dem Kindergarten

[1] House of Representatives, 56. Congress, 1. session, document 686. Immigration of Japanese; Washington.

[2] S. Report w.o.S. 152.

[3] *Ogawahira* a.a.O. 6. Kap. auf Grund der amtlichen Angaben.

für japanische Auswanderer, ein besseres Fortkommen erwarten durfte. Vom 1. Januar 1902 bis zum 30. September 1906 wanderten 29417 Menschen von Hawaii nach dem Hauptland aus, von denen die überwiegende Mehrzahl Japaner waren.[1] Die Pflanzer gaben sich verzweifelte Mühe, die Abwanderung von den Inseln, die 1902 eingesetzt hatte, einzuschränken, aber trotz der Unterstützung durch den japanischen Generalkonsul in Hawaii, der seine Landsleute aufforderte, die Abmachungen der japanischen Regierung zu achten, und der Central Japanese League, ohne nennenswerten Erfolg, bis die Pflanzer im Mai 1905 die Löhne erhöhten. Inzwischen war auch die Regierung des Territoriums dazu übergegangen, die dort ansässigen Auswanderungsagenten zu konzessionieren, aber die Einverleibung Hawaiis in die Vereinigten Staaten Amerikas und die Lockungen seitens der Pflanzer des Festlandes machten zunächst alle Abwehrmassnahmen zu Schanden. Ausserdem kamen viele Japaner nach Hawaii, die gleich weiterbefördert werden sollten, obwohl das eine klare Umgehung des Verbotes der japanischen Regierung war.[2] Dabei schwoll der Auswandererstrom nach Hawaii, dem Hauptarbeitsfeld der japanischen Agenturen weiter an, und damit auch ihr Profit und ihre Zahl. 1905 gab es ihrer 30, davon 7 Einzelfirmen, das übrige Gesellschaften, meist Aktiengesellschaften und Kommanditgesellschaften. Dem Sitz der Firma nach waren 10 in Tōkyō, 2 in Kumamoto, 1 in Kōchi, 9 in Hiroshima, 2 in Kōbe, je eine in Okayama, Chiba, Sendai, Yokohama und 2 in Yamaguchi. Das grösste Kapital hatte die Tairiku Shokumin Gōshi Kwaisha, (1 Million Y.), dann folgte die Firma Morioka Makoto (mit 250000 Y.), dann die Kōkoku Imin Kabushiki Kwaisha (mit 200000 Y.) und die Sendai Imin Gōshi Kwaisha mit ebensoviel: sonst gab es 6 Gesellschaften mit 100000 Y, 1 mit 80000, 1 mit 73000, 7 mit 60000, je eine mit 52000 und 51000, 9 mit 50000, 2 mit 30000 und 1 mit 20000. Zusammen also waren in diesem Geschäfte 3276000 Y. angelegt, d.i. etwa das Sechsfache des Kapitals vom Jahre 1899 (s. o.). Von allen Firmen beförderte am meisten Auswanderer, nämlich 31000, die Tairiku Shokumin Gōshi Kwaisha, ihr folgte die Chūwō Imin Kwaisha mit 9000, dann die Tōkyō Imin Gōshi Kwaisha mit 7400. Die kleinste Tätigkeit entfaltete die

---

1) *Aubert* a.a.O. S. 98 ff. Er gibt auch Beispiele für die Werbeplakate der Agenten, die nach dem Festland „arbeiteten“.

2) Third Report w.o. S.42 ff. und Fourth Report etc. 1910. Washington 1911.

Kyushū Imin Kabushiki Kwaisha, die nur 1500 Leute beförderte.[1] Die Grösse des investierten Kapitals entspricht also durchaus nicht der Tätigkeit der Agentur. Leider konnte ich keine Nachrichten über die Geschäftsergebnisse dieser Gesellschaften erhalten. Jedenfalls scheint das Geschäft zunächst sehr gut gegangen zu sein, sonst hätten nicht so viele Firmen dabei bestehen können. Aber die Uebertreibung des Geschäftes brachte auch hier einen Umsturz. Die immer zahlreicher auf dem amerikanischen Festlande ankommenden japanischen Auswanderer, die Verschlechterung ihrer Qualität als Arbeiter riefen bald einen starken Einspruch gegen alle Praktiken hervor, durch die das Versprechen der japanischen Regierung, die Einwanderung nach dem Festlande zu unterbinden, umgangen wurde, besonders die Einschmuggelung über die festländischen Grenzen, die schwer zu überwachen waren. Schliesslich fand die Erregung über die Einwanderungsfrage ihren Höhepunkt in dem Schulstreit von San Francisco (1907) und den darauf folgenden Unruhen in Vancouver, und einen kurzen Zeitraum hindurch sah sogar die politische Lage sehr ernst aus. Jetzt musste die japanische Regierung eingreifen, und sie war sich anscheinend sofort darüber klar, wo des Uebels Wurzel war. Ihren Verordnungen brauchte sie nur noch eine hinzuzufügen, die die erstmalige Auswanderung von Arbeitern ausser nach dem amerikanischen Festlande (das war eigentlich schon 1900 verboten worden) auch nach Hawaii verbot. Vor allem aber benutzte sie die Handhaben, die ihr das Auswandererschutzgesetz bot und ging energisch gegen die Agenturen vor. Es wurden Missbräuche aufgedeckt, einige Gesellschaften suspendiert und mit Geldbussen belegt: das Geschäft war ohnehin stark eingeschränkt worden, obwohl man inzwischen versucht hatte, in Südamerika und in Australien Ersatz zu finden. So kam denn, was kommen musste: Es schlossen sich mehrere Gesellschaften zusammen, andere lösten sich auf, manche mögen wohl auch in Schwierigkeiten geraten sein, obgleich es bei diesem Vermittlungsgeschäft ja kaum grosse Verbindlichkeiten geben kann, und schliesslich war der Bestand an Agenturen, und damit der Hauptanreiz zur Auswanderung gründlich zusammengeschmolzen.

---

1) *Ogawahira* a.a.O. 5. Kap. Der Third Report etc. (1906) weist für einen etwas späteren Zeitpunkt schon 34 Gesellschaften aus (S. 149).

Im Juli 1911 bestanden nur mehr 6 Gesellschaften, von denen jedoch eine das Geschäft ruhen liess, und eine von der Regierung suspendiert war. Die noch tätigen Gesellschaften sind Takemura Shōkwan (500000 Y. Kapital), die Nippon Shokumin Gōshi Kwaisha und Morioka Shin & Co. (mit je 200000 Y.), sowie die Tōyō Imin Gōshi Kwaisha (mit 100000 Y.). Die 2 nicht mehr tätigen Gesellschaften sind die Meiji Imin Gōshi Kwaisha (mit 800000 Y.) und die suspendierte Meiji Shokumin Gōshi Kwaisha (mit 500000 Y.).[1] Mit Ausnahme der Takemura Shōkwan, die ihren Sitz in Kōchi hat, und der Meiji Imin Gōshi Kwaisha, die in Kumamoto eingetragen ist, sind alle in Tōkyō sesshaft. Ausserdem ist noch eine Gesellschaft, die Tairiku Imin Kwaisha in Liquidation. Takemura Shōkwan ist die Nachfolgerin der Kōkoku Shokumin Kwaisha. Die grösste und die drittgrösste der Gesellschaften nach dem Stande von 1905 (s.o.) sind also bereits von der Bildfläche verschwunden, während das Kapital der tätigen Gesellschaften auf 1 Million (also ein Drittel des oben festgestellten) zusammengeschrumpft ist.

Die Tätigkeit dieser 4 Gesellschaften veranschaulicht folgende :

TABELLE XVIII.

Es wurden befördert von	1910	1. Halbj. 1911
Tōyō Imin G.K.	1711	465
Morioka & Co.	317	—
Takemura Shōkwan	909	—
Nippon Shokumin G.K.	83	349
	3020	814 Auswanderer.

Da mir von einem Leiter einer dieser Firmen angegeben wurde, eine Agentur brauche mindestens 500 Auswanderer im Jahre, um bestehen zu können, so sehe ich das Ende der rückläufigen Bewegung im Auswanderergeschäft nicht ab. Die beförderten Auswanderer wurden nach Südamerika und einigen

[1] 1912 hat auch diese Gesellschaft (anscheinend aus Mangel an Mitteln) zu bestehen aufgehört.

Inseln des australischen Archipels geschafft und wurden zum Teil auf Wunsch und auf Kosten von Unternehmungen besorgt und befördert. Auch der Staat Sao Paolo zahlte für jeden Ansiedler eines ihm geworbenen Transportes. Sonst zahlte ein Teil der Auswanderer die Kosten der Ueberfahrt selbst oder nahm Vorschüsse von der Agentur, die selbst wieder Bankkredit in Anspruch nahm. Allgemein hört man die Klagen der Auswanderungsgesellschaften und der Freunde der japanischen Auswanderung, dass die Regierung keine Auslandpässe erteilen wolle. Es sieht so aus, als ob in nächster Zeit eine Aenderung nicht zu erwarten und die Aussicht für die Agenturen keine allzugünstige wäre.[1)]

Fasst man die bisherigen Ergebnisse der geschilderten Entwicklung zusammen, so fällt zunächst ins Auge, einen wie grossen Einfluss die Agenturen auf die ganze Geschichte der japanischen Auswanderung ausgeübt haben: das wird verständlich, wenn man berücksichtigt, dass diese eine willkürlich hervorgerufene Bewegung darstellt, und dass die japanischen Auswanderer ohne führende Hand kaum in nennenswerter Anzahl den Weg an die Arbeitsplätze übers Meer gefunden hätten. Die stramme Organisation der ganzen Bewegung, zunächst durch die Regierung, dann durch die Auswanderungsgesellschaften, deren Entstehen anscheinend von der Regierung gewünscht worden war, hat der gesamten Auswanderung ihren einheitlichen Charakter gegeben und, wie sich aus dem Zusammenhange meiner Darstellung ergeben dürfte, auch manchen Vorteil gebracht. Die Auswanderungsgesellschaften, die in ihrer Gesamtheit dem japanischen Gemeinwesen gewiss von Nutzen waren, haben allerdings den einzelnen Auswanderer zu oft ausgebeutet und seinen wirtschaftlichen und moralischen Erfolg dadurch beeinträchtigt, dass sie den Versuchungen, ihren Profit auf Kosten anderer zu steigern, nicht zu widerstehen vermochten. Die Ergebnisse der japanischen offiziellen Auswanderungspolitik mit der Regelung des Agentenwesens sind überaus lehrreich und

---

1) Im Mai 1912 erfuhr ich nachträglich, dass *Takemura Sh.* und Tōyō Imin K. inzwischen noch je 1300 Auswanderer nach Brasilien entsendet haben, Morioka 200 nach Peru und die Shokumin Gōshi K. einige Hundert nach der Südsee, hauptsächlich nach Neukaledonien. Die 5. Gesellschaft hat auch weiterhin nichts unternommen. Die Geschäftsergebnisse waren durchwegs unbefriedigend, und man erhofft auch für die nächste Zukunft nur bescheidene Erfolge, vorausgesetzt, dass die Regierung weiterhin etwas freigebiger mit ihrer Zustimmung zu Auswanderungsplänen ist.

charakteristisch. Ich will versuchen, sie im Anschluss an die übrigen Massnahmen der Regierung darzustellen.

Das Eigentümlichste an der japanischen Auswanderung ist, dass sie völlig „von oben her“ gemacht wurde. Die Regierung besorgte die ersten Auswanderer in Gestalt von Kontraktarbeitern für Hawaii, und damit war zum erstenmale eine richtige Auswanderungsbewegung in Gang gebracht. Als die Regierung dann die Rolle eines Agenten niederlegen wollte, war natürlich die Auswanderung noch so unselbständig, zum Teil infolge ihrer Jugend, dass sie ohne Führung kaum weiterbestanden hätte. Die Regierung tat also, was sie in der merkantilistischen Meiji-Aera wiederholt getan hat, um neue Unternehmungen ins Leben zu rufen: Sie führte sie zuerst in eigener Regie durch und regte hierauf die Bildung von Privatgesellschaften an, die ihre Nachfolge übernahmen. Oft geschah es dann, dass die Männer, die als Regierungsbeamte den Staatsbetrieb geleitet hatten und meist die einzigen Japaner waren, die mit solchen Angelegenheiten Bescheid wussten, in die Dienste der neuen Privat-Unternehmungen übertraten oder gar deren Gründer wurden, dies gewöhnlich mit offener oder versteckter Kapitalbeihilfe durch den Fiscus. Im vorliegenden Falle scheint sich ein ganz analoger Vorgang abgespielt zu haben. Leider sind mir genaue Mitteilungen über die Gründungen der ersten Auswanderungsgesellschaften nicht bekannt geworden, doch deutet eine Reihe von Nachrichten über die engen Beziehungen zwischen Regierung und Gesellschaften in jener Zeit, die Schaffung des sogenannten Auswandererschutzgesetzes, das die Gesellschaften noch vor ihrem Erscheinen reglementiert, und einiges andere mit voller Bestimmtheit darauf hin. Im Auslande hat das nahe Verhältnis, in dem die Regierung zu den Agenturen stand, wiederholt den Verdacht aufkommen lassen, dass das offizielle Japan künstlich eine Auswanderung zu schaffen suche, um damit politische Ziele zu verfolgen, doch dürfte das kaum zutreffen. Uebrigens gab es auch Einzelfirmen als Agenturen, deren Leiter sich aus zurückgekehrten Auswanderern und dergleichen rekrutierten.

Das Auswandererschutzgesetz, Gesetz No. 70 vom 7. April 1896, lautet mit seinen Abänderungen aus dem Jahre 1901, 1902 und 1907 wie folgt:[1)]

---

1) Da meines Wissens eine nichtjapanische Veröffentlichung des Gesetzes

Abschnitt I.—Auswanderer.

§ 1. Auswanderer im Sinne dieses Gesetzes sind Personen, die zum Zwecke der Arbeit in fremde Länder, ausgenommen China und Korea, reisen, sowie ihre Familienangehörigen, die mit ihnen reisen oder sich nach ihrem Aufenthaltsort begeben.

Die Arten der im vorigen Absatz erwähnten Arbeit werden im Verordnungswege bestimmt.

§ 2. Auswanderer können nur mit Erlaubnis der Verwaltungsbehörden in das Ausland reisen.

Die Reiseerlaubnis erlischt, wenn die Reise nicht innerhalb von 6 Monaten vom Tage der Erteilung der Erlaubnis angetreten wird.

§ 3. Die Verwaltungsbehörden können bei Auswanderern, die sich nicht der Vermittelung eines Auswanderungsagenten bedienen, je nach den Verhältnissen des Reiseziels, die Stellung von 2 oder mehr geeignet erscheinenden Bürgen verlangen.

Verfällt der betreffende Auswanderer in Krankheit oder gerät er sonst in Not, so haben die Bürgen ihn zu unterstützen oder heimzuschaffen. Hat die Verwaltungsbehörde den Auswanderer unterstützt oder heimgeschafft, so haben die Bürgen die Kosten zu ersetzen.

§ 4. Wenn die Verwaltungsbehörde es zum Zwecke des Schutzes des Auswanderers, der Aufrechterhaltung der öffentlichen Ruhe oder aus diplomatischen Gründen für erforderlich hält, so kann sie die Abreise der Auswanderer sistieren oder die Erlaubnis dazu widerrufen. Der Zeitraum, während dessen die Abreise sistiert worden ist, wird in die Frist des Absatzes 2 des § 2 nicht eingerechnet.

Abschnitt II.—Auswanderungsagenten.

§ 5. Auswanderungsagenten im Sinne dieses Gesetzes sind Personen die, gleichviel unter welcher Bezeichnung, die Anwerbung von Auswanderern oder die Vermittelung ihrer Ueberfahrt gewerbsmässig betreiben.

Auswanderungsagenten können mit Genehmigung der Verwaltungsbehörde solche Geschäfte betreiben, die in direktem Zusammenhang mit den Auswanderern stehen.

---

nicht erfolgt ist, gebe ich hier seinen Wortlaut wieder. Herr Dr. Mechlenburg hatte die Güte, die Uebersetzung auf ihre Richtigkeit hin zu prüfen.

§ 6. Personen, die Auswanderungsagenten zu werden wünschen, müssen die Erlaubnis der Verwaltungsbehörde einholen.

Die Erlaubnis für Auswanderungsagenten verliert ihre Gültigkeit, wenn nicht innerhalb von 6 Monaten, vom Tage der Erteilung an gerechnet, das Gewerbe eröffnet worden ist.

§ 7 a. Auswanderungsagenten können nur japanische Staatsangehörige oder Handelsgesellschaften werden, deren Mitglieder bezw. Aktionäre ausschliesslich aus japanischen Staatsangehörigen bestehen und die ihren Hauptgeschäftssitz in Japan haben.

Die übrigen Erfordernisse, die Auswanderungsagenten zu erfüllen haben, werden im Verordnungswege bestimmt.

§ 7 b. Die Auswanderungsagenten übernehmen mit Bezug auf Auswanderer, deren Ueberfahrt sie vermittelt haben, vom Tage der Abreise an für 10 volle Jahre die im § 3 Abs. 2 bestimmten Pflichten der Bürgen.

§ 8. Wenn ein Auswanderungsagent gegen Gesetze oder Verordnungen verstösst oder anzunehmen ist, dass er die öffentliche Ruhe gefährdet, oder wenn er mit der Zahlung der von Auswanderungsagenten zu leistenden Sicherheit in Verzug gerät, so kann die Verwaltungsbehörde das Gewerbe einstellen oder die Gewerbeerlaubnis widerrufen.

§ 9. Durch Sistierung des Gewerbes seitens der Behörde oder Aufgabe desselben seitens des Auswanderungsagenten wird dieser nicht von der Erfüllung von Verträgen mit bereits abgereisten Auswanderern befreit.

§ 10. Ein Auswanderungsagent, der seine Geschäfte durch einen Stellvertreter betreiben lassen will, hat hierzu nach Massgabe der zu erlassenden Verordnung die Erlaubnis der Verwaltungsbehörde einzuholen.

§ 11. Auswanderungsagenten dürfen Auswanderer nur nach solchen Plätzen versenden, an denen sie ein geschäftsführendes Gesellschaftsmitglied, ein Vorstandsmitglied oder einen Vertreter unterhalten.

§ 12. Auswanderungsagenten dürfen nur Personen, die als Auswanderer übersiedeln, vermitteln oder anwerben.

§ 13. Bei der Vermittelung oder Anwerbung von Auswanderern, die als Kontraktarbeiter übersiedeln, hat der Auswanderungsagent mit den Auswanderern einen schriftlichen Vertrag zu schliessen, der der Genehmigung der Verwaltungsbehörde unterliegt.

Die Erfordernisse für einen Vertrag gemäss dem vorigen Absatz werden im Verordnungswege festgesetzt.

§ 14. Auswanderungsagenten dürfen von den Auswanderern ausser ihrer Gebühr weder Geld noch sonstige Gegenstände annehmen. Die Gebühr unterliegt der vorherigen Zustimmung der Verwaltungsbehörde.

§ 15 a. Auswanderungsagenten haben bei der Anwerbung von Auswanderern die Frist der Abreise zu bestimmen und bekanntzugeben. Auswanderungsagenten, die die Auswanderer ohne triftigen Grund nicht innerhalb der vorherbestimmten Frist abreisen lassen, haben die durch den Aufschub der Abreise den Auswanderern entstehenden Kosten zu tragen.

§ 15 b. Die Verwaltungsbehörden können, wenn sie es für nötig erachten, die Errichtung von Auswanderungsagenten-Gilden anordnen.

Die Gilden haben die Eigenschaft von juristischen Personen.

Die auf die Gilden bezüglichen Bestimmungen werden im Verordnungswege festgesetzt.

Abschnitt III.—Sicherheitsleistung.

§ 16. Der Auswanderungsagent kann sein Gewerbe erst eröffnen, nachdem er eine Sicherheit bei der Verwaltungsbehörde hinterlegt hat.

Die Höhe der Sicherheit, die mindestens 10,000 Yen betragen muss, wird von der Verwaltungsbehörde festgesetzt.

§ 17. Die Verwaltungsbehörde kann, wenn sie es für erforderlich hält, die Höhe der Sicherheit heraufsetzen oder vermindern, jedoch darf dabei nicht unter den im vorigen Paragraphen bestimmten Betrag gegangen werden.

§ 18. Wenn nach Erachten der Verwaltungsbehörde ein Auswanderungsagent den Vertrag gegenüber einem Auswanderer nicht erfüllt oder den ihm nach § 7 b obliegenden Pflichten eines Bürgen nicht nachkommt, so kann die Verwaltungsbehörde aus der hinterlegten Sicherheit Ausgaben machen, um den Auswanderer zu unterstützen oder heimzuschaffen.

§ 19. Bei Aufhebung des Gewerbes durch den Tod des Auswanderungsagenten, Auflösung der Gesellschaft, Widerruf der Lizenz oder aus sonstigen Gründen kann die Verwaltungsbehörde, solange sie es für nötig erachtet, die Sicherheit ganz oder zum Teil einbehalten.

§ 20 a. Während der Dauer des Gewerbebetriebes eines Auswanderungsagenten und der Frist, während der die Verwaltungsbehörde gemäss dem vorigen Paragraphen die Einbehaltung der Sicherheit für nötig erachtet, können gegen diese ausser von den Auswanderern oder deren Erben zur Erlangung ihrer auf Grund eines gemäss diesem Gesetze geschlossenen Vertrages erworbenen Rechte von dritten keinerlei Forderungen erhoben werden.

Abschnitt IV.—Auswandererschiffe.

§ 20 b. Auswandererschiffe im Sinne dieses Gesetzes sind Schiffe, die mit wenigstens 50 Auswanderern an Bord nach einem der im Verordnungswege zu bestimmenden Länder fahren.

§ 20 c. Die Beförderung von Auswanderern auf Auswandererschiffen kann nur mit Erlaubnis der Verwaltungsbehörden geschehen.

Personen, die die Erlaubnis gemäss dem vorstehenden Absatz erhalten haben, haben eine von der Verwaltungsbehörde zu bestimmende Sicherheit zu hinterlegen.

§ 20 d. Die Verwaltungsbehörde kann, wenn die Handlungsweise dessen, dem die Erlaubnis gemäss dem vorigen Absatz erteilt worden ist, gegen die gesetzlichen Bestimmungen verstösst oder die Bedingungen der Erlaubnis verletzt, oder, wenn angenommen wird, dass sie die Interessen der Auswanderer schädigt, die Erlaubnis widerrufen.

§ 20 e. Wer die Beförderung von Auswanderern mit Auswandererschiffen betreiben will, hat vorher die Zustimmung der Verwaltungsbehörde bezüglich der Transportsätze einzuholen.

§ 20 f. Die Verwaltungsbehörde kann die Abfahrts- und Bestimmungshäfen der Auswandererschiffe bezeichnen.

§ 20 g. Die Verwaltungsbehörde kann von dem Kapitän eines Auswandererschiffs über alles, was die transportierten Auswanderer betrifft, Bericht verlangen.

Abschnitt V.—Verschiedenes.

§ 20 h. Ein gewerbsmässiger Geldleiher, der das zur Bestreitung der Kosten der Reise oder der Vorbereitungen dazu nötige Geld an Auswanderer ausleihen will, hat zu den Darlehnsbedingungen vorerst die Erlaubnis der Verwaltungsbehörde einzuholen.

§ 20 i. Wer in einem Auswanderer-Abfahrtshafen ein Gasthausgewerbe für Auswanderer betreiben will, bedarf hierzu der Erlaubnis der Verwaltungsbehörde.

Wer die Genehmigung des vorigen Absatzes eingeholt hat, hat bezüglich der Logiereinrichtungen, der Verpflegungs- und Unterkunftskosten sowie der sonstigen den Auswanderern zur Last fallenden Angelegenheiten vorerst die Zustimmung der Verwaltungsbehörde einzuholen.

§ 20 k. Wer ohne Auswanderungsagent zu sein, die Verschiffung von Auswanderern vermitteln will, bedarf hierzu der Erlaubnis der Verwaltungsbehörde.

Wer im Besitz der Erlaubnis des vorigen Absatzes ist, hat vorerst die Zustimmung der Verwaltungsbehörde zu der Art der Vermittlung der Verschiffung, sowie zu den den Auswanderern zur Last fallenden Angelegenheiten einzuholen.

§ 20 l. Die Verwaltungsbehörde kann, wenn die Handlungsweise dessen, dem eine Erlaubnis gemäss den beiden vorstehenden Paragraphen erteilt worden ist, gegen die gesetzlichen Bestimmungen verstösst oder angenommen wird, dass sie die Interessen der Auswanderer schädigt, das Gewerbe sistieren oder die Gewerbeerlaubnis widerrufen.

Abschnitt VI.—Strafbestimmungen.

§ 21. Auswanderer, die ohne Reiseerlaubnis oder unter falscher Angabe des Reiseziels oder entgegen einem Reiseverbot ausgewandert sind, werden mit Geldstrafe von 5–50 Yen bestraft.

§ 22. Auswanderungsagenten und deren Vertreter, die eine gegen die Gesetze und Verordnungen verstossende Ueberfahrt von Auswanderern vermitteln oder während des Bestehens eines Uebersiedelungsverbots die Uebersiedelung von Auswanderern veranlassen, werden mit Geldstrafe von 50–500 Yen bestraft.

§ 23. Wer, ohne eine Erlaubnis der Verwaltungsbehörde zu besitzen, als Auswanderungsagent auftritt, sowie Auswanderungsagenten und deren Vertreter, die während einer Einstellung des Gewerbebetriebes Auswanderer anwerben oder deren Ueberfahrt vermitteln, werden mit Geldstrafe von 200–1000 Yen bestraft.

Der vorstehende Absatz findet auch auf Auswanderungsagenten Anwendung, die ohne Genehmigung der Verwaltungsbehörden ein Gewerbe nach §5 Abs. 2 betreiben.

§ 24. Auswanderungsagenten die sich durch einen nicht von der Behörde genehmigten Stellvertreter vertreten lassen, werden mit Geldstrafe von 20–200 Yen bestraft. Das Gleiche gilt für denjenigen, der die Vertretungshandlung vorgenommen hat.

§ 25. Auswanderungsagenten und deren Stellvertreter, die den Vorschriften der §§ 11, 12, 13, 14 und 15 Abs. 1 zuwiderhandeln, werden mit Geldstrafe von 50–100 Yen bestraft.

§ 26 a. Auswanderungsagenten und deren Stellvertreter, die unter Anwendung betrügerischer Mittel Auswanderer anwerben oder deren Ueberfahrt vermitteln, werden mit schwerer Gefängnisstrafe von 1 Monat bis zu 1 Jahr bestraft.

§ 26 b. Personen, die gegen die Vorschriften des § 20 c verstossen, werden mit Geldstrafe von 500 bis 10000 Yen bestraft.

§ 26 c. Personen, die gegen die Vorschriften des § 20 e verstossen, werden mit Geldstrafe von 200–3000 Yen bestraft. Das gleiche gilt von Personen, die gegen die von der Verwaltungsbehörde getroffene Bestimmung bezüglich des Abfahrts- und Ankunftshafens eines Auswandererschiffs verstossen.

§ 26 d. Wer es unterlässt, einen von der Verwaltungsbehörde gemäss § 20 g eingeforderten Bericht zu erstatten, wird mit Geldstrafe von 50–300 Yen bestraft.

§ 26 e. Wer gegen die Vorschriften der §§ 20 i, 20 k und 20 l verstösst, wird mit Geldstrafe von 100–1000 Yen bestraft.

§ 27. Die Strafbestimmungen dieses Gesetzes finden bei Handelsgesellschaften auf die geschäftsführenden Gesellschafter oder Vorstandsmitglieder, die die von den verschiedenen Paragraphen betroffenen Handlungen vornehmen, Anwendung.

Abschnitt. VII.—Zusatzbestimmungen.

§ 28. Auswanderungsagenten, die vor Inkrafttreten dieses Gesetzes mit Erlaubnis der zuständigen Behörde ihr Gewerbe betrieben haben, bedürfen beim Inkrafttreten dieses Gesetzes keiner besonderen Erlaubnis und können das Gewerbe gemäss den Bestimmungen dieses Gesetzes fortführen. Wird indes das Gewerbe nicht fortgeführt, so kommen doch bezüglich der bereits geleisteten Sicherheiten die Vorschriften dieses Gesetzes zur Anwendung.

§ 29. Dieses Gesetz findet keine Anwendung auf Auswanderer, die auf Grund eines besonderen Vertrages mit Japan auswandern, noch auf deren Agenten.

§ 30. Die zur Ausführung dieses Gesetzes erforderlichen Bestimmungen werden im Verordnungswege erlassen.

§ 31. Dieses Gesetz tritt am 1. Juni 1896 in Kraft.

Die Kaiserliche Verordnung Nr. 42 vom Jahre 1894 betreffend Auswandererschutzbestimmungen wird vom Tage des Inkrafttretens dieses Gesetzes aufgehoben.

Als ergänzend treten neben dieses Gesetz eine Reihe von Verordnungen, von denen insbesondere die des Gaimusho (Ministerium des Aeussern) No. 3, vom 8. Juni 1907 wichtig ist, da sie die Ausführungsverordnung vorstellt, auf die im Gesetze wiederholt verwiesen ist. Sie ist anstelle der Ausführungsverordnung getreten, die gleichzeitig mit dem Gesetz im Jahre 1896 erlassen wurde. Die übrigen Verordnungen und ein Koreanisches Gesetz regeln das Auswanderungswesen in den einzelnen Kolonien.

Das Gesetz von 1896 stimmt in der Hauptsache mit der Kaiserlichen Verordnung aus dem Jahre 1894 überein, nur waren die Strafen früher viel niedriger. Auch die Veränderungen, die in den Jahren 1901 und 1902 mit dem Gesetze vorgenommen wurden, sind nicht erheblich: nur datiert aus dem Jahre 1902 die Befreiung der Auswanderer nach China und Korea von den Bestimmungen des Gesetzes. Im Jahre 1907 dagegen wurden zahlreiche und wichtige Einschübe gemacht, nämlich § 5, Abs. 2 § 15 b, die ganzen Kapitel IV und V, § 23 Abs. 2 und § 26. b–e. 1896 war also das Auswandererschutzgesetz ausserordentlich dürftig und enthielt kein Wort über Auswandererschiffe und über alle die Geschäfte, zu denen die Auswanderung Anlass gibt (Beherbergung, Geldvorschüsse etc.) Dadurch war natürlich den Agenten die Möglichkeit geboten, den Auswanderern bei jeder Gelegenheit Geld abzunehmen. Nach der letzten Redaktion des Gesetzes im Jahre 1907 wurde es allerdings viel vollständiger, aber auch jetzt noch sind so grundlegende Bestimmungen wie die Bedingungen, unter denen Agenturen bewilligt und Auswanderungserlaubnisse erteilt werden, der gesetzlichen Regelung entzogen und der Entscheidung der Behörden vorbehalten. Auffallend ist es, dass das Gesetz, das sich den Anschein gibt, als habe es nur den Schutz der Auswanderer zu besorgen, in erster Linie darauf abzielt, die Auswanderung ganz in die Hände der Regierung zu geben. Die Schutzbestimmungen sind zunächst mangelhaft, werden später ergänzt, bleiben aber unvollständig: dagegen ist von Anfang an die Freiheit der Auswanderung in das Ausland aufgehoben. Das Recht der Auswanderung — abgesehen von der nach China und

Korea — haben nur diejenigen, die fest bestimmter Erwerbszweige wegen auswandern[1] und eine Erlaubnis der Behörde nachweisen können. Die Erlaubnis ist aber an sachliche Erforderungen geknüpft, über deren Umgrenzung und Erfüllung die Regierung sich die alleinige Entscheidung vorbehält. Ein Recht auf Auswanderung ist niemandem gesichert, denn die Regierung ist nicht gehalten, die Reisebewilligung zu erteilen. Infolge dieser Vollmacht der Behörde ist auch nirgends festgesetzt, wer nicht auswandern dürfe, etwa Wehrpflichtige, flüchtige Verbrecher u. dergl., im Gegenteil die Behörde hat im § 4 ausdrücklich das Recht zugesprochen erhalten, jedermann bedingungslos die Auswanderung zu verbieten, wenn sie dies aus besonderen Gründen für angebracht hält.

Auch sonst enthält das Gesetz nicht viel mehr als den allerdings sehr weiten Rahmen für die Verordnungsgewalt der Behörden, deren Zuständigkeit aber ebenfalls nicht zum Ausdruck gebracht ist. Die Definierung eines Auswandererschiffes und § 20. c. machen es fraglich, ob nicht auf kleineren Schiffen die Kontrolle unterbleibt: auch sind in der Verordnung des Gaimusho No. 15 vom 11. Juni 1907 nicht alle Reiseziele aufgeführt, nach denen eine Auswanderung in Betracht kommt, so dass durch Schiffwechsel in einem der nichtgenannten Reiseziele wiederum eine Möglichkeit zur Umgehung der Kontrolle gefunden werden könnte. Eine Strafbestimmung gegen den Mädchenhandel, (analog dem § 48 des deutschen Auswanderungsgesetzes vom 9. VI. 1897,) fehlt.[2] Infolge der fast unbeschränkten Machtvollkommenheit, die das Gesetz der Behörde verleiht, fallen allerdings Lücken des Gesetzes weniger ins Gewicht, da jederzeit eine neue Verordnung erlassen, oder durch einen Verwaltungsakt eingegriffen werden kann.

Gewiss ist ein reichliches Mass von Fürsorge für die Auswanderer in Gesetz und Verordnungen enthalten. Wenn man aber die Hauptziele der ganzen Gesetzgebung zusammenfasst, so stehen neben der Humanität mindestens gleichberechtigt:

---

[1] Nach Verordnung No. 3 des Gaimusho vom 8. VI. 1907 fallen folgende Arbeiten unter § 1 des Gesetzes: Landwirtschaft, Fischerei (ausgen. russische Gewässer und Sachalin), Minenarbeit, Industrie, Hoch- und Tiefbau, Transportwesen, Baugewerbe, Speisenbereitung (Köche), Wäscherei, Näherei, Haarpflege, häusliche Dienste, Krankenpflege.

[2] Ob das allgemeine Strafgesetzbuch in §§ 182 u. 224 ff. ausreichende Handhaben gegen den Mädchenhandel gibt, vermag ich nicht zu beurteilen.

Wahrung des nationalen Ansehens im Auslande und Schutz vor Entfremdung der eigenen Untertanen. Der Bericht des Commissioner of Labor on Hawaii,[1] gibt diesen Eindruck wie folgt wieder: „Die Politik der Regierung mit Bezug auf ihre Untertanen, die im Auslande Aufenthalt nehmen, ist empfehlenswert. Japan unternimmt es, seine unerwünschten und bedürftigen Untertanen unter eigene Kontrolle zu nehmen, und übernimmt die Verantwortung für alle seine Leute, ganz gleich, wo sie sich aufhalten, wenn sie nicht selbst für ihren Unterhalt aufkommen können. Soweit es möglich ist, sich auf den nationalen, japanischen Standpunkt zu stellen, ist er nach Aeusserungen von Japanern der, dass ihr Vaterland, wie sie glauben, durch die Entehrung oder Erniedrigung seiner Angehörigen im Auslande selbst entehrt oder erniedrigt werde, und die wichtigste Aufgabe der Auswanderungsgesetzgebung scheint ihnen zu sein, die Rückkehr derjenigen sicher zu stellen, die durch ihre Handlungsweise oder durch Unglück unwillkommene Gäste fremder Länder werden könnten.........Die Fürsorge für das Wohl des Auswanderers erfolgt teilweise unter der Voraussetzung, dass der Japaner, der sein Vaterland verlässt, dem Mikado die Treue bewahrt und nicht auswandert, um seine Staatsangehörigkeit aufzugeben oder sich dauernd in der Fremde anzusiedeln.“ Darin sind sich Regierung und öffentliche Meinung einig, dass der Japaner im Auslande ebensogut Japaner zu sein und für sein Vaterland zu arbeiten habe, wie jeder Japaner im Inselreiche selbst. Es ist gewiss beneidenswert, dass es den Bemühungen der Regierung sowie dem Patriotismus der Bewohner Dai Nippons gelungen ist, bisher jeden Volksverlust durch Auswanderung zu verhindern. Dass dieser Vorteil auch Nachteile im Gefolge hat, dass er z. B. die wirtschaftlichen und kolonisatorischen Erfolge gefährdet, die Deutschland mit dem Verlust von Millionen deutscher Bürger bezahlt hat, gehört auf ein anderes Blatt.

So einig Regierung und öffentliche Meinung aber auch grundsätzlich sind, wenn es den Vorteil Japans gilt, so war die Regierung doch in der Auswanderungspolitik stets selbständig genug, um ihre Entscheidungen auch unbekümmert um populäre Strömungen zu treffen. Das war insbesondere der Fall, als sich eine Beschränkung der Auswanderung als nötig erwies. Zuerst geschah dies 1901. Damals verbot die Regierung durch Einführung einiger neuer Bedingungen für die Erlangung von

[1] Report 1905. S. 148.

Auslandspässen den Unbemittelten praktisch, wenn auch nicht der Form nach, die Auswanderung nach dem Festland der Vereinigten Staaten, um zu verhindern, dass die Amerikaner ihre Untertanen ähnlichen Ausschliessungsmassregeln unterwerfen wie die Chinesen. Mit Rücksicht auf die gleichgerichteten Vorkehrungen Japans sahen auch tatsächlich die Vereinigten Staaten von einer Ausschliessung ab, mussten aber bald bemerken, dass die japanische Einwanderung nicht nur nicht aufhörte, sondern sogar zunahm. Die Auswanderungsgesellschaften beförderten ihre Kunden jetzt auf dem Umwege über Hawaii, Kanada und Mexiko, zum Teil, wie es scheint, heimlich, so dass den Amerikanern, die nicht mehr imstande waren, die Einwanderung zu kontrollieren die ganze Sache höchst verdächtig wurde. Es fehlte nicht an Beschuldigungen der japanischen Regierung, der man absichtliche Umgehung des Abkommens vorwarf. Indessen scheint sich diese ganz neutral verhalten zu haben, ja sie gab, wenn es darauf ankam (z.B.in Hawaii durch ihren Generalkonsul), deutlich bekannt, dass sie auch von ihren Untertanen eine Einhaltung des von ihr gegebenen Versprechens erwarte. Mehr geschah allerdings nicht, wohl weil man der Auswanderung damals noch sehr freundlich gegenüberstand, allerhand wirtschaftliche Vorteile von ihr erwartete und vor allem, weil man wahrscheinlich den Ernst des Widerstandes in Amerika gegen die japanische Einwanderung unterschätzte.

Obwohl die Auswanderung sich nach dem ersten Eingreifen der Regierung bald erholte, besonders, nachdem man den Umweg nach den Vereinigten Staaten nutzbar gemacht hatte, scheint doch genug Widerstand gegen die Regierungspolitik aufgetaucht zu sein, wahrscheinlich, weil an der Auswanderung zu viele einflussreiche Kreise interessiert waren. Vielleicht wollte man nicht nur der Auswanderung, sondern auch der öffentlichen Meinung eine Ablenkung bieten und befreite darum im folgenden Jahre (1902) die Reisenden nach China und Korea von dem Auswandererschutzgesetz, indem man sie als Nicht-Auswanderer erklärte. Man hätte ja bloss die Behörden anzuweisen brauchen, bei Erteilung von Pässen nach China und Korea etwas freigebiger vorzugehen, um denselben tatsächlichen Erfolg zu erzielen. Dass die Regierung aber lieber das Gesetz äuderte und dadurch die Auswanderer um dessen Schutz brachte, legt die Vermutung nahe, dass das Gesetz, wie oben ausgeführt, nicht in erster Linie den Schutz der Auswanderer bezweckt, oder aber, dass man durch die Aenderung des Gesetzes auf die Oeffentlichkeit wirken wollte.

Die weitgehende Aufsicht, die die japanische Regierung in Bezug auf das Auswanderungswesen ausübt und die Unselbständigkeit der Auswanderung selbst, die sich ganz und gar von Tōkyō bevormunden lässt, haben wiederholt zur Vermutung Anlass gegeben, dass die Regierung die Auswanderung heimlich betreibe, um durch sie japanische Interessensphären im Auslande und wirtschaftliche Vorteile aller Art zu erlangen. Ein Nachweis für diese Behauptung ist meines Wissens nicht erbracht worden, auch *Aubert* irrt, wenn er glaubt, die Führung dieses Beweises sei ihm geglückt.[1] Es sieht allerdings so aus, als ob man sich von der Auswanderung ausschliesslich Vorteile versprochen und ihre Entwicklung sehr wohlwollenden Auges verfolgt hätte. Das ist begreiflich und kann Japan nicht zum Vorwurf gemacht werden. Mit demselben Rechte, mit dem man es beschuldigt, seine Angehörigen und deren Arbeit im Auslande zu sehr dem Interesse des Vaterlandes dienstbar gemacht zu haben, kann man die Frage aufwerfen, wie denn die Vereinigten Staaten, Kanada etc. fordern können, dass die ganze Welt durch Aussendung einer zahlreichen Schar tüchtiger Auswanderer in ihre Gebiete zum Aufbau eines kräftigen und reichen amerikanischen, kanadischen u.s.w. Staatswesens beitrage? Die egoistische Auswanderungspolitik Japans mag in der Durchführung etwas kleinlich sein, berechtigt ist sie vom nationalwirtschaftlichen Standpunkte aus unbedingt. Auf die Dauer konnten allerdings die Einwanderungsländer dem Zuströmen nicht zu assimilierender Volksbestandteile nicht gleichgültig gegenüberstehen. 1906 führte der Widerstand gegen die japanische Einwanderung in Californien zu dem Schulkonflikt in San Francisco, und ein Jahr später brachen in Vancouver aus demselben Grunde Unruhen aus, die als ernste Mahnung nicht übersehen werden konnten. Die japanische Regierung zeigte sich dieser heikligen Lage gewachsen. Obwohl es in den Zeitungen bereits deutliche Zeichen des Unwillens gab und vielen japanischen Patrioten die Zeit zu einer Abrechnung mit den Vereinigten Staaten gekommen schien, denen man wegen der ungünstigen Friedensbedingungen von Portsmouth grollte, obwohl das japanische Nationalbewusstsein sich schwer gekränkt fühlte, behielt man an der entscheidenden Stelle in Tōkyō den Kopf kühl. Welche die Erwägungen waren, die damals die Haltung der Regierung bestimmten, und wie der Verlauf der Verhandlungen im Einzelnen war, kann

[1] a.a.O.S. 346.

man natürlich nicht wissen. Das Ergebnis beweist jedenfalls, dass man sich in Japan klar darüber war, dass es kein Recht auf eine Einwanderung in einen fremden Staat gibt, und dass eine Auflehnung gegen die Einwanderungspolitik eines souveränen Staates unbedingt zu kriegerischen Verwickelungen führen muss. Die aufgeregte öffentliche Meinung wurde also nachdrücklichst beschwichtigt, und es kam zu einer Verständigung zwischen Japan und den Vereinigten Staaten, derzufolge diese davon absahen, irgend welche Einwanderungsbeschränkungen für Japaner einzuführen, durch die deren Nationalgefühl gekränkt werden könnte. Dafür versprach die japanische Regierung, dass keiner ihrer Untertanen aus der Arbeiterklasse die erstmalige Erlaubnis zur Auswanderung nach den Vereinigten Staaten erhalten sollte, während alle übrigen, sowie die von einer Unterbrechung ihres Aufenthalts in Amerika zurückkehrenden Japaner, Reisepässe mit Angabe des Reiseziels mitbekommen sollten. Die Vereinigten Staaten wiederum verpflichteten sich durch Zusatzabkommen zu Sektion 1 des Gesetzes vom 20. II. 1907 und eine Erklärung des Präsidenten Roosevelt von 14. III. 1907 betreffend „Japanese and Korean Laborers skilled and unskilled,“ der Einwanderung von solchen Leuten, die mit Pässen für das erreichte Reiseziel versehen sein würden, keine Hindernisse in den Weg zu legen, verboten aber gleichzeitig die Einwanderung aller andern. Die japanische Regierung sah ein, dass sie auch die—selbst durch längeren Zwischenaufenthalt unterbrochene—Auswanderung auf Umwegen unterbinden müsse, um ihr Versprechen einhalten zu können, und sie übernahm es daher, auch die Auswanderung nach Hawaii, Kanada und Mexiko auf gleiche Weise einzuschränken. Mit Kanada wurde übrigens gleichfalls verhandelt, noch bevor eine ähnliche Missstimmung wie gegenüber den Vereinigten Staaten ausgebrochen war, was u.a. dem Umstande zuzuschreiben ist, dass Kanada einen Teil des Japan damals engverbündeten Englands bildet, und man in Japan sehr bemüht war, die politische Freundschaft mit diesem nicht zu trüben. Die Verhandlungen mit Kanada, die in Tōkyō geführt wurden, kamen viel rascher zum Abschluss als die mit den Vereinigten Staaten, denn auch von seiten Kanadas musste man entgegenkommend sein, da es als Teilnehmer am englisch-japanischen Handelsvertrag den Japanern unbeschränkte Freiheit der Einwanderung zugesichert hatte. Man kam ziemlich bald zu einem formlosen Uebreinkommen, in dem Japan sich zu einem Verzicht auf das Recht der freien Einwanderung bereit erklärte.

Die Durchführung der versprochenen Abstellung der Auswanderung aus Japan geschah sehr energisch. Die Gesetzgebung wurde in der schon erwähnten Weise geändert und ergänzt, den Auswanderungsagenturen wurde die sofortige Erlegung einer erhöhten Kaution von 50000 Yen vorgeschrieben, was einer Sistierung eines Teiles der Agenturen gleichkam, die Ueberwachung des Auswanderungswesens wurde verschärft, einige Gesellschaften wurden unterdrückt, und die Ausgabe von Pässen wurde aufs schärfste eingeschränkt. Die Zahl der Auswanderer fiel dementsprechend von 1906 auf 1907 um mehr als die Hälfte und ging auch in den folgenden Jahren immer mehr zurück. Wiederum hiess es in der Presse, das Abkommen wäre auf Seiten Japans nicht eingehalten, aber heute ist diese Behauptung vollkommen widerlegt und der Beweis dafür geliefert, dass die japanische Regierung nicht nur willens, sondern auch imstande war, die Auswanderung ganz in der Kontrolle zu behalten. Natürlich konnte die Auswanderung nicht plötzlich abgeschnitten werden. Es wurden ohnehin viele Interessen durch ihre gewaltsame Einschnürung verletzt, und die Regierung, der ja an der Ausbreitung von Handel und Schiffahrt, an der Verbesserung der Handelsbilanz durch die Geldsendungen aus dem Auslande und an manchem andern liegen musste, bemühte sich, für das verlorene Auswanderungsziel Ersatz zu finden. Sie veranlasste durch ihre Vertreter im Auslande und besonders hiezu entsandte Beamte die Anstellung von Untersuchungen über die Lage der Ansiedler im Auslande und über Länder, die sich zur Auswanderung eignen könnten. Diese Berichte liegen gedruckt in einer Reihe dicker Bände vor, die das Ministerium des Aeussern in Tōkyō veröffentlicht hat und deren erster im Dezember 1908 erschien. Der Inhalt dieser Berichte gab keine grossen Hoffnungen auf künftige Erfolge einer neuen Auswanderungsbewegung nach andern als den bisher aufgesuchten Reisezielen.

Vielleicht war das der Anlass, dass man sich in japanischen leitenden Kreisen auf die Kolonisierungsmöglichkeiten im eigenen Machtbereich besann. Zugleich war es die Zeit, wo man sich bereits mit den Vorbereitungen für die Annexion Koreas beschäftigte, jedenfalls gab am 2. Februar 1909 Graf *Komura* als Minister des Aeussern anlässlich einer Parlamentsdebatte über die Auswanderung eine Erklärung ab, die in der Presse des In-

und Auslandes als eine programmatische Aeusserung der Regierung verstanden wurde. Sie wünscht, dass die japanische Auswanderung sich auf den fernen Osten konzentriere, nämlich auf Korea und die Mandschurei, damit sich die Japaner nicht zu sehr zerstreuten und dem Vaterlande verloren gingen, auch damit nicht auf diese Weise die politischen Beziehungen zum Auslande leiden. Ein Jahr später äusserte sich Graf *Komura* in ähnlicher Weise, wiederum im Parlament. Diese „Konzentrationspolitik des Grafen *Komura*," wie man die offizielle Auswanderungspolitik von jetzt an häufig in der Presse nannte, hat grosse Debatten in der Oeffentlichkeit hervorgerufen, und allgemein hiess es, keines der beiden genannten Länder sei geeignet, einen Ersatz für Hawaii, die Vereinigten Staaten oder Kanada zu bieten. Merkwürdigerweise sieht es so aus, als ob die Regierung nichts getan hätte, um diese Konzentrationspolitik auch wirklich zu betätigen, ja im Frühjahr 1911 sagte man mir an zuständiger Stelle im auswärtigen Ministerium zu Tokyo, dass eine solche Politik gar nicht betrieben werde. Wenn also die Worte des Ministers nicht ein „ballon d'essai" waren, so kann das doch nur heissen, dass sie bloss bestimmt waren, gehört zu werden, namentlich auf dem amerikanischen Festlande, auf dem man damals noch immer nicht aufgehört hatte, die japanische Einwanderung misstrauisch zu beobachten. Es wäre allerdings auch möglich, dass der von einem Teil des zweiten Ministeriums *Katsura* (auch Baron *Oura* war dafür) gehegte Plan am Widerspruch anderer Faktoren scheiterte.

Inzwischen hat sich auch das geändert, und die kanadische und amerikanische Oeffentlichkeit ist durch die Berichte ihrer Einwanderungskommissäre darüber beruhigt, dass Japan sein Versprechen, die Einwanderung zu unterbinden, tatsächlich ausgeführt hat. Die Haltung der Regierung unter dem 2. Ministerium *Katsura*, dem Graf *Komura* als auswärtiger Minister angehörte (1908–11), dürfte in der Auswanderungsfrage eine lediglich passive gewesen sein, wenigstens deutet nichts darauf hin, dass irgend eine Initiative zur Förderung der Auswanderung ergriffen wurde. Dagegen waren die Klagen der Auswanderungsagenturen ein Beweis dafür, dass tatsächlich keine Auswanderungserlaubnisse erteilt wurden. Die Schiffahrtsgesellschaften, die gleichfalls zur Klage Ursache hatten, sind durch reichliche Schiffahrtssubventionen schadlos gehalten. Vielleicht gibt die Schaffung einer neuen japanischen Schiffahrtsverbindung nach dem Süden, von der viel gesprochen wird, der Auswanderung einen neuen Impuls, doch ist auf eine Massenauswanderung auch hier vorderhand nicht zu rechnen. Die Auswanderungsagenturen und die übrigen Freunde der Auswanderung hatten von einem erwarteten Regierungswechsel eine weniger straffe Durchführung der Auswanderungsbeschränkung erwartet, und der Regierungswechsel, der den Botschafter in Washington, Baron *Uchida* anstelle des Grafen *Komura* in das Ministerium des Acussern brachte, ist im Herbst 1911 auch wirklich eingetreten. Es scheint mir aber ganz unwahrscheinlich, dass die Auswanderungspolitik der Regierung sich in den nächsten Jahren deswegen ändern sollte, da dazu kein sichtbarer Anlass vorliegt, während die Regierung sich durch neue Verträge mit den Vereinigten Staaten Nord-Amerikas und Kanada gebunden hat. Fast nur versuchsweise hat das ausw. Ministerium unter *Uchida* die Erlaubnis zu kleinen Transporten von insgesamt etwa 2000 Leuten jährlich nach Südamerika freigegeben. Im übrigen sucht man weiter nach neuen Auswanderungszielen, doch nur solchen, wo kein zu niedriger Lohn bezahlt wird. Man will anscheinend das Entstehen eines japanischen Kuliarbeiterstandes im Auslande verhüten, treibt also eine energische Prestigepolitik, die zugleich beweist, dass die Uebervölkerung im Lande nicht schlimm sein kann, oder aber, dass man nach dem Wohl des untern Volkes nicht fragt. Das letztere scheint mir allerdings für die japanische Politik charakteristisch zu sein.

Im Februar 1911 kam ein neuer Handelsvertrag zwischen den Vereinigten Staaten und Japan zustande, in dem kein Wort von einer Einwanderungsbeschränkung für Japaner enthalten ist. Die Weglassung jeder derartigen Klausel wurde von der japanischen Diplomatie als ein grosser Erfolg hingestellt, während die Bundesregierung in Washington alle Mühe hatte, den Bürgern Californiens diesen Verzicht annehmbar zu machen. Dabei wurde praktisch an dem bestehenden Zustande nichts geändert, da die japanische Regierung sich durch eine besondere Erklärung verpflichtete, auf administrativem Wege eine Einwanderung von japanischen Arbeitern nach Hawaii und dem Festlande wie bisher zu verhindern. Dies geschah so, dass Japan durch eine besondere Note anerkannte, dass durch den neuen Vertrag das allgemeine (also nicht nur auf Japaner bezügliche) Einwanderungsgesetz vom 14. III. 1907 nicht berührt werde. Tatsächlich ist Sektion 1 dieses Gesetzes, die bestimmt, dass die Pässe der

Einwanderer auf ihr Einwanderungsziel lauten müssen, nur gegen Japaner und Koreaner gerichtet. Eine ähnliche Bindung erfolgte in Bezug auf Kanada, dessen Handelsvertrag mit Japan im Juli 1911 ablief. Da man in Kanada der unklaren handelspolitischen Lage der Kronkolonie wegen keine Lust hatte, den Handelsvertrag zu erneuern, beziehungsweise dem neuen englischen beizutreten, so wurde provisorisch vom 17. Juli 1911 ab eine Verlängerung des bestehenden Zustandes für 2 Jahre vereinbart, wobei gleichfalls eine Fortdauer der bisher beobachteten Einschränkung der japanischen Auswanderung festgelegt wurde.

Damit dürfte für die nächste Zukunft die Frage zur Ruhe gekommen sein, und wenn keine neuen Tatbestände entstehen, ist auch keine Aenderung in der japanischen Auswanderungspolitik vorauszusehen.

Das bisher von der japanischen Auswanderung Gesagte konnte meist auf ihre Gesamtheit Bezug nehmen. Im einzelnen sind aber die Schicksale der Auswanderer nach den einzelnen Gebieten sehr verschieden, so dass es notwendig ist, sie gebietsweise einer besonderen Betrachtung zu unterziehen. Es ergibt sich auf diese Weise eine Einteilung der Auswanderung in 3 Gruppen: Die Auswanderung nach dem Osten (Hawaii, Vereinigten Staaten und Kanada), nach dem übrigen Ausland und nach den japanischen Kolonien. Die Unterscheidung dieser drei Gruppen beruht sowohl auf wirtschaftlichen als auch auf politischen Momenten, wie sich aus der folgenden Darstellung ergeben soll.

DIE AUSWANDERUNG NACH DEM OSTEN.

Dem geschichtlichen Verlauf nach ist naturgemäss der Verkehr zwischen Japan und dem auch heute noch viele Tagereisen zur See entfernten nordamerikanischen Kontinent der jüngste unter den drei genannten Gruppen, doch verdient er eine Voranstellung schon deshalb, weil er die wirtschaftlich und politisch wichtigste der Auswanderungen umschliesst, deren Geschick das der gesamten japanischen Auswanderung bestimmte. Auch war bisher die Zahl der nach Amerika ausgewanderten Japaner am grössten.

Für die ganze Auswanderung nach Nordamerika ist es charakteristisch, dass ihr Schicksal schliesslich von politischen Momenten bestimmt wurde, u. zw. im negativen Sinne, obwohl sie seinerzeit künstlich in die Wege geleitet worden war, und ihre Ursache die Arbeiternot der betreffenden Gebiete war. Diese hatten teils unmittelbar, teils mittelbar, durch ihre hohen Löhne Auswanderer aus Japan an sich gezogen, und ihnen allen wirtschaftliche Erfolge verschiedener Art geboten, bis die ganze, kaum entwickelte Massenbewegung mit einemmale zum Stehen kam. Damit ist ein Vorgang zu einem vorläufigen Abschluss gekommen, der zugleich ein Kapitel der Arbeiterfrage auf Hawaii zum Ende bringt.

Die Inselgruppe, die unter dem Namen Hawaii bekannt ist und in wenigen Jahrzehnten die Entwicklung von einem primitiven Staatswesen zur Republik unter dem Schutze der Vereinigten Staaten durchlaufen hat, steht fast ganz unter dem Zeichen des Zuckerrohrbaues, dem die vielen Plantagen des Territoriums gewidmet sind. Da die eingeborene Bevölkerung durch die Berührung mit der abendländischen Zivilisation anscheinend zum Aussterben verurteilt ist und immer mehr abnimmt, (von 1853 bis 1910 von 70036 auf 26041 oder von 95.76% auf 13.57% der Gesamt-Bevölkerung)[1] so entstand bald ein Arbeitermangel, für dessen Beseitigung Regierung und Plantagenbesitzer bis auf den heutigen Tag unermüdlich tätig sind. Es gibt wenig Volksstämme deren Eignung zur Besiedlung der Insel nicht versucht worden wäre, ja die ganze Geschichte der Arbeiterschaft auf Hawaii erscheint wie ein fortgesetzter Laboratoriumsversuch.

Auf diesem Hintergrunde ist das Schicksal der japanischen Einwanderung doppelt interessant, weil es auf kleinem Raum die Vergleichung der japanischen mit den Arbeitskräften beinahe der ganzen Welt gestattet. Als oben von der Geschichte der japanischen Auswanderung die Rede war, wurden bereits die Anfänge der Beziehungen zwischen Japan und Hawaii erwähnt. Die Könige der Inseln, die Pflanzer und die Missionäre, die einen grossen Einfluss auf die Geschichte der Inseln hatten, suchten nach einem Bevölkerungsersatz, der der eingeborenen Rasse ähnlich sei und wandten sich bald nach Japan, wo sie im Jahre 1884 eine prinzipielle Einwilligung der Regierung zu einer Auswanderung nach Hawaii erlangten. Bald folgte ein formeller Vertrag hierüber zwischen den zwei Staaten (Jan. 1886) und ein Arbeiterübereinkommen, das die japanische Regierung zur Vermittlung von Arbeitern verpflichtete. Die japanischen

---

[1] Fourth Report of the Commissioner of Labor on Hawaii. 1910. Washington 1911. S. 11.

Auswanderer mussten sich für 3 Jahre schriftlich binden und erhielten einen Lohn von 9 $, und 6 $ ausserdem für Lebensmittel. Der Kontrakt konnte nach seinem Ablauf für weitere 2 Jahre verlängert werden. Für je 100 Männer sollten 30 Frauen mitgenommen werden, und die Fragen der Gesundheits- und Rechtspflege, der Rückbeförderung im Krankheitsfalle waren genau geregelt.[1] In Hawaii vergab die Regierung des Königs die Arbeiter an die Pflanzer, so dass die Möglichkeit einer Kontrolle gegeben war.

Man hatte früher auf Hawaii chinesische Arbeiter beschäftigt und war mit ihnen recht zufrieden gewesen, besonders da man ihnen im Monat nur 12.50 $ bezahlte. Als aber Hawaii 1876 einen Reziprozitätsvertrag mit den Vereinigten Staaten abschloss, wurde die chinesische Einwanderung eingeschränkt, und das schuf ein Vacuum, das von den Japanern ausgefüllt werden sollte. Die Geschichte der Einwanderung in Hawaii zeigt bis zum völligen Einwanderungsverbot für Chinesen i. J. 1898 ein je nach der geringeren oder grösseren Strenge, mit der die Einwanderungsbeschränkung für Chinesen behandelt wurde, entsprechendes Nachlassen oder Zunehmen der japanischen Zuwanderung. Bis zum völligen Ausschluss der Chinesen, der eine Folge der Annexion Hawaiis durch die Vereinigten Staaten war, wurde eben das Prinzip verfolgt, dem Arbeitermangel durch „Asiatic labor“ abzuhelfen, und Chinesen, Japaner, Koreaner sollten dieselbe Rolle spielen. Da die Koreaner nicht sehr zahlreich waren, die Chinesen bald ausgeschlossen wurden, während die Japaner ungehindert einwanderten und stets willkommen geheissen wurden, da sie ein brauchbares Arbeitermaterial darstellten und als Arbeiter zunächst zu keinen ernstlichen Klagen Anlass gaben, so nahm die Inselgruppe nach und nach den Charakter eines japanischen Siedelungsgebietes an. Die Zusammensetzung der Bevölkerung in den einzelnen Jahren zeigt folgende Statistik.[2]

---

1) Näheres s. 3. Report of the Commissioner of Labor on Hawaii 1905. Washington 1906. Im Vertrag zwischen Japan und dem Königreich Hawaii von 1886 ist nur die Bestellung von Hawaiischen Auswandereragenten in Japan und der Schutz der Auswanderer vorgesehen. Die japanische Regierung erklärte sich prinzipiell der Auswanderung nach Hawaii gewogen. Der Vertrag sollte 5 Jahre in Kraft bleiben und stillschweigend verlängert werden können. (vergl. „Treaties and Conventions between the Empire of Japan and other Powers compiled by the Foreign Office. Tokyo 1899. S. 365.)

2) Nach 4. Report etc. 1910. S. 11.

TABELLE XIX. — ABSOLUTE ZAHLEN.

Rasse.	1853	1866	1872	1878	1884	1890	1896	1900	1910
Hawaiisch.	70036	57125	49044	44088	40014	34436	31019	29799	26041
Hawaiisches Mischblut.	983	1640	1487	3420	4218	6186	8485	7857	12506
Im Ausland geborene Chinesen.	364	1206	1938	5916	17937	15301	19382	21746	21674
Im Ausland geborene Japaner.	—	—	—	—	116	12360	22329	56230	79674
Alle übrigen.	1755	2988	4428	4561	18293	21707	27805	38369	52014
Zusammen.	73138	62959	56897	57985	80578	89990	109020	154001	191909

TABELLE XX. — PROZENT-ZAHLEN.

Rasse.	1853	1866	1872	1878	1884	1890	1896	1900	1910
Hawaiisch.	95.76	90.73	86.20	76.03	49.66	38.27	28.45	19.35	13.57
Hawaiisches Mischblut.	1.34	2.60	2.61	5.90	5.24	6.87	7.78	5.10	6.52
Im Ausland geborene Chinesen.	50	1.92	3.41	10.20	22.26	17.—	17.78	14.12	11.29
Im Ausland geborene Japaner.	—	—	—	—	0.14	13.74	20.48	36.51	41.52
Alle übrigen.	2.40	4.75	7.78	7.87	22.70	24.12	25.51	24.92	27.10
Zusammen.	100.—	100.—	100.—	100.—	100.—	100.—	100.—	100.—	100.—

Diese Zahlen geben allein noch keine Vorstellung von der Bedeutung der Japaner für Hawaii, insbesondere für sein wirtschaftliches Leben, z. T. auch deshalb, weil die auf amerikanischem Boden geborenen Abkömmlinge der Einwanderer nicht mit diesen zusammen aufgeführt sind. Im Jahre 1900, in dem der Hundertsatz der Japaner im Verhältnis zur übrigen Bevölkerung am höchsten war, waren von allen Erwerbstätigen über zehn Jahre 75.63% Chinesen und Japaner; in landwirtschaftlichen Berufen betrug ihr Anteil 91.32%, in den häuslichen und persönlichen Dienstleistungen 50.97%, im Gewerbe 49.17%, in Handel und

Verkehr 48.68% und in den freien Berufen und Beamtenstellungen 11.82%.[1] Einzelne Wirtschaftszweige waren also fast ganz in Händen der Asiaten, insbesondere Landwirtschaft, Gärtnerei, Wäscherei, persönliche Bedienung (Kellner, häusliche Dienstboten, Raseure etc.), Hausierhandel, Bäckerei und Schneiderei. Es sind das natürlich zunächst die Berufe, derentwegen eine Versorgung des Arbeiterbedarfs vom Auslande her in die Wege geleitet wurde; die übrigen Erwerbszweige sind solche, in die die sesshafteren Einwanderer übergetreten sind, da sie in diese dank ihrer Verwandtschaft mit dem häuslichen Leben am leichtesten eindringen und sich durch grössere Arbeitsamkeit und persönliche Anspruchslosigkeit in ihnen am raschesten festsetzen konnten. Dieselbe Gattung von Berufen kommt fast überall in Betracht, wo verschiedene Volksstämme auf wirtschaftlichem Gebiet mit einander zusammentreffen.

Auf Hawaii haben es jedenfalls die Japaner verstanden, sich durch ihre persönlichen Eigenschaften erhebliche wirtschaftliche Erfolge zu verschaffen, umsomehr, je weniger sie durch die Konkurrenz der noch billigeren und fleissigeren chinesischen Arbeitskräfte bedrängt wurden. Das besteuerbare Grundeigentum in japanischen Händen erreichte 1909 den Wert von 1748179 $, verteilt auf 2515 Besitzer. Im selben Jahre waren bereits 134 Japaner mit einer Personaleinkommensteuer von 2002 $ in den Steuerlisten eingetragen, die einem Jahreseinkommen von 97930 $ auferlegt war.[2]

Die Arbeit, derentwegen die Japaner herübergeholt worden waren, ist die auf den Zuckerplantagen, eine anstrengende, oft unangenehme Beschäftigung, die indes wenig Gefahren und gesundheitliche Schädigungen im Gefolge hat und dem tüchtigen und zuverlässigen Arbeiter ziemlich günstige Aussichten zum Aufsteigen auf der sozialen Stufenleiter bietet. Der Monat hat 26 Arbeitstage, der Arbeitstag eine nicht genau geregelte, aber stets sehr grosse Zahl von Arbeitsstunden. Die Löhne sind auch für ungelernte Arbeiter monatsweise bemessen und sind heute gegen die Zeit, zu der die Japaner zuerst herüberkamen, um etwa 50% erhöht. Der Mindestlohn ist im Monat etwa 18 $, von denen 6 bis 7 $ auf die Ernährungskosten eines erwachsenen Arbeiters in Abzug zu bringen sind. Da die Arbeiter

1) Fourth Report. S. 12/13. Japaner und Chinesen sind hier leider oft zusammen aufgeführt.

2) Fourth Report. 1910. S. 15.

aber nicht jeden Tag arbeiten, dürfte ihr regelmässiges Monatseinkommen etwas geringer sein. Wenn Japaner und Chinesen trotzdem imstande sind, herumzuwandern, verhältismässig viel für Vergnügungen auszugeben und noch Geld nach der Heimat zu schicken, so kommt das einerseits von den Prämien, die zur Anspornung des Arbeitseifers bezahlt werden, andererseits von den Einkünften, die die nicht im Tagelohn, sondern im Werklohn stehenden Arbeiter beziehen und die in einzelnen Fällen eine bemerkenswerte Höhe erreichen.[1] Die Lohnhöhe der ungelernten Arbeiter auf den Pflanzungen ist fast ausschliesslich auf asiatische Arbeit, unter dieser hauptsächlich auf Japaner zugeschnitten; denn diese machten in den letzten 15 Jahren 60—70% der ungelernten Feldarbeiterschaft aus. Ihre Zahl wuchs fortgesetzt bis 1904, wo man 32331 japanische Plantagenarbeiter zählte, nahm dann infolge des Krieges und der Auswanderung nach dem amerikanischen Festlande ab, stieg nochmals plötzlich bis auf 32771 im Jahre 1908 und fiel dann infolge der inzwischen getroffenen Einwanderungsbeschränkung merkbar ab. Die Löhne sind etwas niedriger als nach der Annexion Hawaiis', die so viele Veränderungen brachte, sind aber seit 1905 rascher gestiegen als die Lebensmittelpreise, so dass die Lohnbewegung im allgemeinen eine günstige zu nennen ist.

Die nächste Gelegenheit zu einem wirtschaftlichen Aufstieg für die Plantagenarbeiter bieten die verschiedenen Handwerke, die auf den Pflanzungen betrieben werden. Der Anteil der Japaner an diesen Berufsstellungen stieg andauernd und erreichte 1910 62.6%. Die Lohnstatistik zeigt aber, dass diesem Eindringen der Japaner in die gelernten Berufe ein Sinken des Lohnes entsprach, und ein Vergleich der Durchschnittstagelöhne von japanischen und andern gelernten Arbeitern beweist, dass dieser Lohndruck ein Ergebnis der Verwendung billigerer Arbeitskräfte ist. Es sank nicht nur der Durchschnittslohn der ganzen in Rede stehenden Arbeiterschicht (von 1.78 $ i. J. 1902 auf 1.53 $ i. J. 1910), sondern auch der Durschnittslohn für jede nichtjapanische nationale Gruppe von gelernten Arbeitern, die

---

[1] Auf die Einzelheiten der interessanten Lohnsysteme, die in Hawaii üblich sind, und andere Details ist hier mit Rücksicht auf das Ziel dieser Untersuchung absichtlich nicht näher eingegangen. Sie finden sich näher beschrieben in den Reports of the Commissoner of Labor on Hawaii, denen die nicht besonders belegten Angaben über diese Verhältnisse durchwegs entnommen sind.

die Lohnstatistik verzeichnet.[1] Darunter hatten sogar die Japaner selbst zu leiden, denn auch ihr Durchschnittstagelohn fiel von 1902 bis 1910 von 1.06 auf 1.05 $.

Dasselbe Bild ergibt sich für die Lohnbewegung bei den städtischen Arbeitern. Auch hier drang die Konkurrenz asiatischer Arbeitskräfte, insbesondere der Japaner, ein, und der Erfolg war ein erhebliches Sinken der Lohnsätze für gelernte Arbeiter, während für ungelernte der Lohn weiterstieg. Begreiflicherweise ist der Lohndruck besonders im freien Einkommen zu spüren: die Kosten für den notwendigen Lebensunterhalt können unter gegebenen Umständen nur wenig gedrückt werden.

Es scheint tatsächlich, als ob der Unterschied zwischen der wirtschaftlichen Stellung eines japanischen und eines nicht japanischen Arbeiters auf Hawaii ein ziemlich erheblicher wäre. Eine Lohnenquete des Arbeitskommissärs, bei der 363 Arbeiterhaushalte, darunter 30 japanische, untersucht wurden, ergab als Durchschnittseinkommen für einen Arbeiterhaushalt 807.61 $, für einen japanischen Arbeiterhaushalt 425.06 $.[2] Der Bericht bemerkt hiezu, dass auch dieser Durchschnitt noch günstiger sei als der unter analogen Verhältnissen auf dem amerikanischen Festlande für eine weisse Arbeiterfamilie bestehende. Das Bild, das die Enquete von der Lebenshaltung der japanischen Familie auf Hawaii gibt, ist nicht ungünstig. Der Familienstand ist klein, aber nicht etwa, weil die Familien kinderlos wären. Im Gegenteil, die Zahl der kinderlosen Ehepaare ist kleiner als bei irgend einer andern verglichenen Rasse; dagegen handelt es sich noch meist um jüngere Ehepaare, so dass der Berichterstatter voraussieht, dass in einigen Jahren hier von grösserem Kinderreichtum zu berichten sein wird. Die Wohnungen der Japaner sind die vollsten von allen. Während im Durchschnitt aller Rassen 0.9 Räume auf eine Person des Haushalts kommen, ist die entsprechende Zahl für die Japaner 0.4, die geringste von allen. Dagegen stehen die Japaner an der Spitze, was den Aufwand für Gesundheits- und Körperpflege anbelangt (4.32 $ gegenüber einem Durchschnitt von 1.88 $). Die Ausgaben der Japaner für Alkohol sind bescheiden.[3] Während so ihr privates Leben dem Kenner japanischer Verhältnisse wenig Bemerkenswertes bietet, erregt ihr soziales Leben umsomehr Interesse.

1) Die wenigen Chinesen ausgenommen.
2) Fourth Report 1910. S. 42.
3) Third Report 1905. S. 56.

Was zunächst auffällt, ist ihr enges Zusammenhalten und der Mangel eines Zusammengehörigkeitsgefühls mit den übrigen Inselbewohnern. Obwohl die Japaner nur geringen Einfluss auf die öffentlichen Angelegenheiten von Hawaii haben, tragen sie doch viele neue Züge in das Bild seines gesellschaftlichen Lebens hinein. Sie stellen eine Arbeiterbevölkerung dar, die einen niedrigen Lebens-Standard bewahrt, um alle Ersparnisse zurückzulegen und mit ihnen so bald als möglich in die Heimat zurückzukehren. Ihr Verdienst und ihre Ersparnisse fliessen nicht dem Gewerbfleiss der Inseln zu, tragen weder zur Errichtung von Heimstätten bei, noch fördern sie die Entwicklung des Gemeinwesens in irgend einer Hinsicht.[1] Der Arbeitskommissär für Hawaii legt besonderes Gewicht auf den Umstand, dass nicht nur äusserlich eine Schranke zwischen amerikanischen Bürgern und den eingewanderten Arbeitern aus Asien besteht, sondern dass sich diese auch freiwillig noch weiter abschliessen. (Da Chinesen und Koreaner in Hawaii wenig zahlreich sind, gilt das Gesagte hauptsächlich für die Japaner.) So kommt es, dass alle gesellschaftlichen und wirtschaftlichen Gegensätze zwischen Unternehmern und Arbeitern noch durch nationale verschärft werden. Es fehlt an jeglicher Gemeinsamkeit zwischen den billigen, von Asien herangezogenen Arbeitskräften und den übrigen Bewohnern der Insel, die, ob eingeboren oder eingewandert, sie doch als ihre Heimat betrachten. Namentlich entziehen sich die Japaner ganz der Einwirkung jener amerikanischen Lebensideale, die, aus der Geschichte der Vereinigten Staaten Amerikas hervorgewachsen, den Schlüssel zum Verständnis ihres Geisteslebens bilden: die bibelfeste Schlichtheit der "pilgrim fathers," die Arbeitsamkeit der Kolonisten und der unerschütterliche Glaube an die Unfehlbarkeit der demokratischen und Freiheitsprinzipien, wie sie in der Bundesverfassung niedergelegt sind. Mögen diese Ideale auch im praktischen Leben oft nur getrübt wiederzufinden sein, so sind sie es doch, die der amerikanischen öffentlichen Meinung den Masstab für die Beurteilung aller, so auch der wirtschaftlichen Verhältnisse abgeben. Von diesem Standpunkt ist die harte Verurteilung verständlich, der die billige Arbeit der Asiaten unterzogen wird, die sich noch immer nicht mit der amerikanischen auf eine Stufe

---

[1]) Das braucht übrigens nicht zu bedeuten, dass die Japaner enthaltsam sind, die trinken ihren Sake in kleinen Quanten, vertragen aber nicht viel.

gestellt hat. Auch die geringe Assimilation der Japaner an die politischen und sozialen Ideale der Bundesrepublik, ihr zähes Festhalten an ihrer nationalen Eigenart verdriesst die Machthaber Hawaiis. Und sie müssen mit Bedauern bemerken, dass die geringe Zahl von Amerikanern kaukasischer Rasse auf den Inseln der Assimilation nur wenig Aussicht bietet. Ein Beispiel hiefür liefert die Gestaltung des Schulwesens auf Hawaii. Die Zahl der japanischen Kinder in sämtlichen Schulen Hawaiis stieg von 1352 unter 15537 andern im Jahre 1900 auf 7078 unter 25537 im Jahre 1910. Wenn auch im letzten Jahre das Wachstum der japanischen Schülerschar sich etwas verlangsamt hat, so ändert das doch nichts an der Tatsache, dass die japanischen Kinder gegenwärtig mehr als ein Viertel der gesamten Schul-Bevölkerung bilden und ein grösseres Kontingent stellen als irgend eine andere Nation. Es ist klar, dass unter solchen Umständen die Klagen über ein Nachlassen der Schulerfolge nicht verstummen wollen. Amerikanische Eltern kaukasischer Rasse, die ihren Kindern eine bessere Erziehung bieten wollen, verlassen manchmal den Schulbezirk, und jede Schwächung der Schule hat wieder eine neue Herabminderung des Schulerfolges und damit der Assimilation zur Folge.

Uebrigens ist es bemerkenswert, mit welchen Opfern die Japaner ein ausgedehntes nationales Schulsystem erhalten. Nach dem Fourth Report etc. 1910 (S. 72) gab es im Januar 1909 68 japanische Privatschulen,[1] darunter 27 buddhistische, 8 christliche und 33 ohne konfessionellen Charakter. An diesen Schulen wurden 4631 Schüler von 80 Lehrern unterrichtet. Am besuchtesten sind die konfessionellen Schulen. Die Zahl der Schüler hat sich besonders seit 1904 sehr stark vermehrt. Natürlich ist die Sorgfalt, die von den Japanern auf eine nationale Erziehung ihrer Kinder verwendet wird, ein weiteres Hindernis für deren Amerikanisierung, und so sehr man den Patriotismus der Japaner bewundern muss, so ist es andrerseits auch begreiflich, dass den Amerikanern diese Verhinderung der Assimilation nicht passt. Die intellektuellen Führer der Japaner auf Hawaii scheinen sogar in der Förderung des nationalen Gedankens manchmal recht weit zu gehen. Professor *Nitobe*,

---

1) Vorträge des Prof. *Nitobe* in San Francisco, die im Jitsugyo no Nihon wiedererzählt sind und über die der „Japan Advertiser", Tokyo, vom 9. XI. 1911 berichtet.

der gerade auf einer Vortragsreise in den Vereinigten Staaten Nord-Amerikas weilt, hatte, wie er in einer Ansprache an seine Landsleute erzählte, wiederholt Anlass, den Chauvinismus von Japanern zu tadeln. Auf Hawaii sei ihm sogar von einem Lehrer ein Lehrbuch zur Begutachtung vorgelegt worden, das den japanischen Kindern politische Gedanken sehr bedenklicher Art mit Bezug auf die Zukunft des Territoriums einzuprägen versucht, und von dem *Nitobe* bemerkt, es sei nur gut, dass es der schwierigen Sprache wegen von den Amerikanern nicht gelesen werden könne.[1]

Abgesehen von ihrer Nichtassimilierung, die doch nur von einem bestimmten Standpunkte aus als Fehler angesehen werden kann, ist gegen die Japaner als Menschen und Arbeiter wenig einzuwenden. Man lobt sogar ihre körperliche Reinlichkeit, ihre stark entwickelte Lernbegierde, ihren festen Vorsatz sich weiterzubringen, die Art, wie sie für ihre Bedürftigen sorgen, ihren Gehorsam gegenüber den Gesetzen; die Unternehmer schätzen sie als eifrige und geschickte Arbeiter, und nur im Gewerbe wird öfters behauptet, sie brauchten eine Führung durch Kaukasier, um ihr Bestes zu leisten. Der genossenschaftliche Gedanke ist unter ihnen sehr entwickelt, und sie eignen sich daher besonders gut zur Uebernahme von Kontraktarbeit in Gruppen, für deren Bildung sie eine grosse Neigung haben. Es heisst sogar, dass sie sich oft ihrer nationalen Organisation bedienen, um irgend einen Gewerbszweig unter ihre „Kontrolle" zu bringen oder irgend welche wirtschaftlichen Vorteile zu erringen, die ihnen dank ihrer wirtschaftlich-nationalen Gruppierung sicher zufallen müssen. Natürlich fehlen diesem Bilde der Japaner nicht einige Schatten. So klagen die Unternehmer, dass die japanischen Arbeiter sehr empfindlich seien, insbesondere in allem was ihre Persönlichkeit und Nationalität angeht, dass sie unbeständig seien und ihre Lernbegierde allzuleicht in Neuerungssucht umschlagen lassen. Als Kaufleute und bei Verträgen zieht man ihnen die Chinesen vor, die als sehr zuverlässig gelten; aber der stärkste Vorwurf, der den Japanern gemacht wird, ist, dass sie überall dort, wo sie die Uebermacht haben, herrschsüchtig und unverträglich sind.[2]

---

[1] Ein japanischer Bericht (in Bd. 9 der Sammlg. von Berichten über Auswanderung, veröffentlicht vom Gaimusho, März 1912) spricht von 96 japanischen Schulen!

[2] Vergl. *Aubert* und die *Reports* passim.

Vom japanischen Standpunkte aus sind mir nur zwei ausführliche Berichte zur Hand, die das Gesagte z. T. bestätigen, ihm jedenfalls nicht widersprechen[1]. Auch Ogawahira betont in Anlehnung an japanische Konsularberichte das stramme Zusammenhalten der Japaner und hebt hervor, dass die Neuankömmlinge den Angesessenen Konkurrenz machen. Die Auswanderer aus den Städten bewähren sich weniger als die aus den Landbezirken. Die Moral der Frauen scheint dem japanischen Beurteiler zu missfallen, doch äussert er sich darüber ebensowenig, wie über vieles andere. Er beklagt, dass die Japaner so wenig Vergnügungen auf Hawaii hätten, erwähnt aber zugleich die stattliche Menge von gesellschaftlichen und Zweck-Verbänden auf den Inseln, auf denen auch 8 japanische Zeitungen und 3 Zeitschriften erscheinen. *Nakamura* schildert die Verhältnisse günstiger.

Im allgemeinen hat man sowohl in Japan wie in Amerika die Ueberzeugung, dass die Japaner auf Hawaii ein, wenn auch nicht müheloses und glänzendes, so doch zufriedenstellendes Auskommen finden, das ihnen die Zurücklegung namhafter Ersparnisse ermöglicht. Dass sie auch Gelegenheit hatten, sich von Plantagenarbeitern zu höher bezahlten Stellungen aufzuschwingen, ist bereits erwähnt worden. Hier mögen noch einige Ausführungen über das wirtschaftliche Aufsteigen der Japaner Platz finden, weil dieses erst die Schärfe des Gegensatzes erklärt, der sich zwischen „weisser“ und „gelber“ Bevölkerung zu entwickeln begonnen, und die Einschränkung der japanischen Einwanderung vorbereitet hat. Mit der Annexion Hawaiis durch die Vereinigten Staaten wurden die Arbeitskontrakte nach hawaiischem Recht, die die Arbeiter auf den Plantagen zu einer Art von Hörigen gemacht hatten, abgeschafft. Das kam namentlich den Japanern zugute, die bei ihrem grossen Fleisse, ihrer Lernbegierde und ihrem Ehrgeiz bald in die Stellungen der Handwerker auf den Plantagen einzudringen begannen. Zugleich brachten die Auswandererschiffe aus Japan auch schon städtische Elemente mit kleinen Geldvorräten, und in kürzester Zeit bekamen die kleinen Gewerbetreibenden und Händler die Konkurrenz der Japaner zu spüren, die auf den meisten Posten, der Billigkeit des japanischen Haushalts wegen, unwiderstehlich

1) *Ogawahira* a. a. O. 8. Kapitel und der oben genannte 9. Berichtband des Gaimusho, enthaltend einen Bericht über die Insel *Maui* von *Nakamura*.

war. Auf den Plantagen war eine Konkurrenz japanischer Arbeit nie vorgekommen. Es herrschte stets ein lebhafter Bedarf an Arbeitskräften, und da die Eingeborenen sich rasch an Zahl verminderten, war jeder Neuankömmling gern gesehen. Anders war es in Handel und Gewerbe, wo die Zahl der Erwerbstätigen eine viel geringere war. Hier gab es eine sehr beschränkte Aufnahmefähigkeit für den Zuwachs, und ein erfolgreicher Bewerber bedeutete bald den Verlust des Einkommens für die früher tätig gewesenen. Der Bericht des Arbeitskommissärs für 1905, der die Frage der japanischen (und chinesischen) Konkurrenz für den angessenen Mittelstand sehr ernst beurteilt, bringt für diesen Vorgang eine grosse Zahl von Belegen. In 7 Betrieben des Baugewerbes z.B. ging die Zahl der beschäftigten, nicht asiatischen, gelernten Arbeiter von 1900 bis 1905 von 159 auf 43 herunter. Aehnlich in andern Fällen. Ueberall drangen die Japaner und Chinesen vor und erlangten eine wichtige Stellung, wenn nicht das Monopol innerhalb des Berufes, ausgenommen in einigen Gewerben, wie Druckerei (in englischer Sprache), Verfertigung von Maschinen für Zuckermühlen, elektrotechnischen Arbeiten schwieriger Art, Brauerei u. dergl. Abgesehen von geringeren Lebensansprüchen, längerer Arbeitszeit u.s.w. war das Hauptmittel zur Erreichung dieses Zieles Billigkeit der Preise, die nur durch die Billigkeit der Arbeitskräfte erzielt wurde. In einigen Fällen wird auch die Ware als minderwertig bezeichnet, doch ist es klar, dass mit minderwertigen Waren allein auf die Dauer ein Konkurrenzkampf nicht zum Siege geführt werden kann, wo nicht eine Differenzierung des Konsumentenkreises stattfindet. Japanischen Käufern gegenüber schadet z. B. eine Verschlechterung der Qualität von zum Verkauf gebrachten europäischen Nahrungsmitteln nicht viel, wenn nur der Preis niedriger wird. Natürlich sind zunächst die grossen, kapitalkräftigen Unternehmungen mit anspruchsvollem Käuferkreis weniger bedroht, und der Bericht bemerkt ganz folgerichtig, wie die Erbitterung der befragten Gewerbetreibenden und Händler über die unerbittliche Konkurrenz der Japaner und Chinesen an Heftigkeit sich umgekehrt verhalte wie der Geschäftsumfang der Auskunftspersonen.

Noch ein Gebiet des wirtschaftlichen Lebens gibt es, auf dem in Hawaii ein Monopol der Asiaten drohte: die Landwirtschaft als kleiner und mittlerer Betrieb. Bisher hatten derartige Betriebe auf Hawaii noch wenig Raum gefunden. Es scheint, dass bei den hohen Lebensansprüchen der amerikanischen und eingewanderten europäischen Bevölkerung der Betrieb sich nicht lohnte, und ein Reinertrag da von nicht erzielt werden konnte. Dagegen haben insbesondere Japaner sich sehr gut zu behaupten verstanden und sind beinahe die Herren im Kaffee-, im Ananas- und Bananenbau. Im Jahre 1900 gab es bereits 1200 Asiaten als kleine Landwirte, und ihre Zahl soll beständig im Wachsen begriffen sein.[1] Gerade auf diesem Gebiete trifft das Vordringen der Japaner und Chinesen die staatsmännischen Wünsche der Amerikaner sehr hart, denn man hatte gehofft, durch Schaffung kleineren Grundbesitzes eine bodenständige amerikanische Bevölkerung zu gewinnen, den Grundstock zum Aufbau eines kraftvollen, demokratischen Gemeinwesens, für das von den Plantagen wenig zu erwarten war. Nun schwand auch diese Hoffnung, und die Aussichten, die sich für die Bevölkerungsfrage des Territoriums eröffneten, wurden immer trüber. Diesen Eindruck gibt besonders der Bericht des Arbeitskommissärs für 1905 wieder, der letzte Bericht, bevor eine Aenderung der Einwanderungsverhältnisse herbeigeführt wurde.

Zu einer solchen Massnahme drängten allerhand Strömungen: der Mittelstand, der sich vergebens gegen die billige Konkurrenz zu verteidigen suchte und der auch auf dem Wege der Organisation erfolglos geblieben war, die Stimmen derjenigen, die den amerikanischen Charakter des Territoriums als gefährdet hinstellten, die auf die Japanisierung der Schulen und auf die grosse Zahl junger, in Hawaii geborener Japaner hinwiesen, denen bald ein entscheidender Einfluss auch auf die politische Geschichte der Inseln zufallen müsste, und schliesslich die weniger laut vernehmlichen, aber umso wirkungsvolleren Stimmen, die vom strategischen Standpunkt aus darlegten, wie gefährlich es für die Vereinigten Staaten sei, den wichtigsten Stützpunkt im Stillen Ozean mit Angehörigen einer fremden Nation zu bevölkern, unter denen sich leicht Spione, ja ganze Truppenabteilungen verbergen könnten. Vielleicht wären aber selbst diese gewiss nicht zu unterschätzenden Gründe nicht so bald durchgedrungen, wenn nicht noch zwei Tatsachen hinzugekommen wären: Die veränderte Stellungnahme der Pflanzer in der Einwanderungsfrage und die Vorgänge in Californien. Der Streik

---

[1] Third Report etc. S. 39. Neuere Angaben sind auch im Fourth Report nicht enthalten.

der Japaner i.J. 1909 kam schon zu spät, um die Entscheidung der gesetzgebenden Faktoren zu beeinflussen, er brachte aber gewissermassen die Probe aufs Exempel für das nicht unbedenkliche Monopol, das die Japaner auf den Pflanzungen und anderwärts erlangt hatten, und trug viel zur Entscheidung der Frage in der Praxis bei. Prinzipiell war sie schon früher entschieden, als die Pflanzer zur Einsicht genötigt wurden, dass sie an den Japanern keine unerschöpfliche Reserve an billigen Arbeitskräften hatten, deren sie unbedingt sicher sein konnten. Die Tatsachen, die zu dieser Einsicht führten, waren die Auswanderung der Japaner von Hawaii nach dem amerikanischen Festland und ihre wiederholten Streiks, bei denen sich zweierlei offenbarte: 1.) dass der Charakter der japanischen Arbeiterbevölkerung sich geändert hatte, und 2.) dass sie anfing, sich als eine Gesamtheit zu fühlen, in deren Händen die Entscheidung über das Schicksal der Pflanzungen ruhe.

Die Auswanderung der Japaner begann etwa 1900 einen grösseren Umfang anzunehmen, als die japanische Regierung die direkte Auswanderung nach den Vereinigten Staaten einschränkte, und mit der Annexion Hawaiis die starren Arbeitskontrakte fielen, die die Plantagenarbeiter geradezu an die Scholle gefesselt hatten. Zugleich lockten hohe Löhne die Arbeiter nach dem Festland, und bald entwickelte sich ein System von Agenten und anderen bei dieser Weiterwanderung interessierten Leuten, die für den Fortbestand dieser Bewegung Sorge trugen. So wanderten vom 1. Januar 1902 bis zum 30. September 1906 an die 30000 Japaner von Hawaii nach dem Kontinent,[1] und wenn auch von Japan her nach dem Kriege reichlich Ersatz kam, so spürte man auf dem Arbeitsmarkt doch den Wechsel, umso empfindlicher, als die Plantagenbesitzer sich damals ganz auf die Rekrutierung ihres Arbeiterbedarfs aus Japan eingerichtet hatten. Zunächst versuchte man das Uebel einzuschränken und persönliche Einwirkungen auf die Arbeiterschaft auszuüben. 1903 war die Central Japanese League gegründet worden, an deren Spitze der japanische Generalkonsul in Honolulu stand, und die es sich zu ihrer Aufgabe machte, der Auswanderung nach dem Festland entgegenzuwirken und ein gutes Verhältnis zwischen Japanern und der übrigen Bevöl-

---

1) *Aubert* a. a. O. S. 104; nach dem Fourth Report, S. 60, waren die Zahlen für 1905: 9649, 1906: 12227, 1907: 5438.

kerung herzustellen. Das geschah mit der ausgesprochenen Absicht, die offizielle Auswanderungspolitik der japanischen Regierung auch in der Praxis zur Anerkennung zu bringen und das Ansehen der japanischen Arbeiter zu heben. Die Liga versuchte übrigens auch eine Art von Arbeitsinspektoren zu schaffen, wie sie in früheren Jahren die japanische Regierung, solange sie noch selbst die Arbeiter vermittelte, mitgeschickt hatte. Es zeigte sich aber bald, dass die japanischen Arbeiter nach längerem Aufenthalte in amerikanischer Umgebung sehr an Unabhängigkeitsgefühl zugenommen hatten, und die Inspektoren erwiesen sich noch erfolgsloser als die Versuche zur Hemmung der Weiterwanderung. Die Farmer versuchten also das aussichtsreichste Mittel, führten im Mai 1905 eine etwa zehnprozentige Lohnerhöhung durch, verbesserten die Wohnungsverhältnisse und sorgten für bessere Behandlung der Japaner auf den Pflanzungen. Die Regierung von Hawaii erliess im April 1905 ein Gesetz über Auswanderungsagenten, das keinen anderen Zweck hatte, als diesen das Handwerk zu legen. Im nämlichen Monat wurde durch Gesetz ein „Board of Immigration" geschaffen, der dazu bestimmt war „desirable immigrants" insbesondere natürlich kaukasischer Rasse zu versorgen. Schliesslich gab zur selben Zeit der japanische Generalkonsul eine Bekanntmachung heraus, in der er seine Landsleute unter Bezugnahme auf das Versprechen der japanischen Regierung und die von den Pflanzern versprochene Lohnerhöhung bittet, nicht fortzuziehen. Nach dem Mai 1905 ging die Auswanderung der Japaner tatsächlich etwas zurück, aber sie hörte deshalb doch nicht auf, wuchs sogar wieder i. J. 1906. Auch gingen die Unternehmer auf dem Festlande jetzt noch energischer vor, um sich Arbeiterzuzug von Hawaii zu sichern, mieteten ein eigenes Dampfschiff, um Japaner darauf zu transportieren u. s. w. Die Plantagenbesitzer sahen sich genötigt Ersatz herbeizuschaffen: sie begannen Koreaner anzuwerben, die von 1902 ab in grösseren Scharen einzutreffen begannen. 1904 gab es bereits 2666, 1905: 4683 koreanische Arbeiter auf den Plantagen.[1] Aber alle diese Mittel befriedigten die Pflanzer nicht und sie gingen bereits damit um, wieder die Zulassung von Chinesen zu verlangen, von deren billigen, stets verfügbaren und leicht zu behandelnden Arbeitermassen sie sich nicht nur eine Abhilfe

[1] Third Report. S. 11.

für die herrschende Knappheit an Arbeitskräften, sondern auch eine Durchbrechung des Zustandes versprachen, den man in Hawaii das „japanische Monopol" nannte.

Ich habe bereits angedeutet, dass die japanische Bevölkerung Hawaiis begonnen hatte, die Sympathien der übrigen, auf Hawaii lebenden Bevölkerungsklassen und Rassen einzubüssen, und nun auch daran war, ihren Rückhalt bei den Pflanzern, dieser in Hawaii so einflussreichen Klasse, zu verlieren. Wie das kam, ist ja z. T. aus dem erfolgreichen Wettbewerb der Japaner und der bedrängten wirtschaftlichen Lage zu erklären, in die weite Kreise anderer Einwohner des Territoriums dadurch gerieten. Zum Teil scheint auch „intra muros et extra" gesündigt worden zu sein. Ab und zu liessen sich Klagen darüber vernehmen, dass die Japaner auf den Pflanzungen hart behandelt würden, und wiederholt mussten nichtjapanische Aufseher entlassen oder gestraft werden. Andrerseits zeigten die Pflanzer meist grosse Bereitwilligkeit, den berechtigten Forderungen ihrer Arbeiter entgegenzukommen. Gerade bei den Forderungen der japanischen Arbeiter war übrigens stets eine genaue Erwägung erforderlich, denn es wird allgemein berichtet, dass diese oft leichtherzig, ja ziemlich oft auch ganz grundlos erhoben wurden, und dass namentlich eine sehr weitgehende Empfindlichkeit persönlicher und nationaler Art wiederholt den einzigen Anlass zu Beschwerden bot. Im allgemeinen hatte man wenig Ursache über die Japaner zu klagen, nur beobachtete man, dass sie durch längeren Aufenthalt in Hawaii nicht gewönnen, und die kaukasischen, z. T. auch die hawaiischen Arbeiter entschädigten sich für die wirtschaftlichen Schäden, die ihnen ihre Konkurrenz bereitete, durch ein stark betontes Ueberlegenheitsgefühl, das die gekränkten Japaner wiederum mit wenig verhüllter Abneigung erwiderten.

Das alles äusserte sich klar in den Streiks, die die Japaner seit der Aufhebung der Arbeitskontrakte in immer rascherer Folge wiederholten: 1901 und 1902 gab es je einen, 1903 zwei, 1904 fünf Ausstände und fünf weitere in den ersten 5 Monaten des Jahres 1905.[1] Der grösste folgte am Schlusse der ganzen Reihe im Jahre 1909 auf der Insel Oahu und kostete die Pflanzer schätzungsweise 2000000 $.[2]

Den Streiks war es fast durchaus eigentümlich, dass sie

---

1) Third Report S. 136-141. 2) Fourth Report S. 62 ff.

keine typischen Arbeiterausstände waren, die Klassenbewusstsein oder gar Klassenhass zeigen und bloss auf Besserung der wirtschaftlichen Lage oder Anerkennung der Organisation abzielen und den Kampf zwischen Unternehmer- und Arbeiterinteressen auf einem bestimmten Gebiete ausfechten wollen. Meistens handelte es sich um eine Reihe kleinerer Streitpunkte, die bei irgend einer Gelegenheit plötzlich alle zum Anlass von Forderungen gemacht wurden. Immer wird der Streik auf nationaler Basis durchgeführt, bewegt sich äusserlich ganz in gesetzlichen Formen, bringt meistens keine Gewalttaten gegen Unternehmer, deren Angestellte oder Eigentum mit sich, beweist aber, dass die Japaner der naiven Ansicht sind, sie könnten, wenn auch unter amerikanischem Gesetz, mit ihren Landsleuten nach ihrem Gutdünken umspringen. Sehr häufig war der Anlass zu einem Ausstand die Beleidigung eines einzelnen Japaners durch einen Aufseher oder irgend ein ähnliches Vorkommnis, durch das sich alsbald die gesamte japanische Arbeiterschaft verletzt fühlte. Einigemale kam auch der Anreiz zur Widersetzlichkeit von Nichtarbeitern, zum Beispiel Gastwirten und ähnlichen Leuten, die dabei ihren Vorteil fanden. Die Zahl der Streiks nahm ständig zu, obwohl die Central Japanese League, die 1903 gegründet worden war, sich alle Mühe gab, Ausstände zu verhüten, Unfrieden zu beseitigen und die Beziehungen zwischen Plantagenarbeitern und Planzern zu verbessern. Aber, wie bereits erwähnt, waren die Japaner, die schon zu viel vom Auslande angenommen hatten, meist den Argumenten der Liga wenig zugänglich.

Der Streik von 1909 war zwar hauptsächlich auf Erhöhung des Lohnes gerichtet, aber sein Verlauf ist trotzdem für die ganze Stellung der Japaner auf den Pflanzungen so charakteristisch, dass ich einiges über ihn mitteilen möchte. Seine wichtigsten Merkmale waren nach einer im Bericht des Arbeitskommissärs wiedergegebenen Zusammenfassung[1] die folgenden:

1.) Die Stimmung für ihn wurde durch eine Agitation vorbereitet, die nicht von den Arbeitern selbst, sondern von gebildeten japanischen Journalisten und Geschäftsleuten in Honolulu ins Leben gerufen wurde.

2.) Die Bewegung trug von Anfang an einen nationalen Charakter, wurde aber von den gebildeten Japanern nicht durchwegs unterstützt.

---

1) Fourth Report S. 62 f.

3.) Der Ausstand wurde von einer Organisation geleitet, die von gebildeten Japanern gelenkt wurde; die Führer waren also nicht selbst Arbeiter, wie dies bei den in Amerika bekannten Gewerkschaften der Fall ist.

4.) Die Forderungen der Streiker lauteten auf höhere Entlohnung der Feldtagelöhner und wurden damit begründet, dass die Pflanzer den Arbeitern kaukasischer Rasse unter gleichen Bedingungen einen um ein Drittel höheren Lohn zahlten als den Asiaten.

5.) Es gab genügend angesessene Streikbrecher, meist Hawaiianer und Portugiesen, die sich zu einem Tagelohn von 1.50 $ in der Umgebung von Honolulu anboten, um die Arbeiten auf den Pflanzungen weiterzuführen.

6.) Ausgenommen gegen Streikbrecher und Streikgegner ihrer eigenen Nation, verhielten sich die Japaner im Streik ganz ordnungsgemäss, d.h. sie begingen keine Gewalttätigkeiten und zerstörten nichts.

7.) Der Ausstand fand ein Ende, weil die Streiker finanziell zu schwach waren, und weil ihre Führer sich gegen ihre japanische Opposition so benahmen, dass sie mit dem Gesetze in Konflikt gerieten.

8.) Nach dem Ausstand wurde die Lage der japanischen Arbeiter verbessert, und sie haben jetzt mehr Einkommen als rüher.

9.) Der Umstand, dass japanische Aufseher und qualifizierte Arbeiter sich bei einem Streik, der hauptsächlich auf Feldarbeiter Bezug hatte, ihren Landsleuten anschlossen, hat einige Betriebsleiter dazu veranlasst, nach und nach Kaukasier und Hawaiianer anstelle von Japanern auf diese Posten mit höherer Verantwortung zu stellen.

10.) Die Vertreter der japanischen Regierung unterstützten oder ermutigten die Ausständischen auf keinerlei Weise.

Durchliest man die Forderungen der japanischen Arbeiter, wie sie von der Japanese Higher Wage Association in einer sauberen Denkschrift vorgebracht wurden, so gewinnt man den Eindruck eines verständigen, wohl begründeten Anliegens. Die Beweisführung war kurz die, dass aus der Steigerung der Lebenskosten, der zunehmenden Sesshaftigkeit der Japaner, derzufolge Frauen, Kinder und soziale Lasten (Schulen, Kirchen, Tempel) zahlreicher werden,. die Notwendigkeit, aus der gleichen Arbeitsleistung japanischer und amerikanischer Arbeiter die

Berechtigung höherer Löhne abgeleitet wurde. Der verlangte Lohn war ein Minimallohn von 22.50 $ monatlich, wie ihn die nichtjapanischen Arbeiter tatsächlich erhielten. Das hört sich alles sehr gut an, und es macht den Japanern alle Ehre, dass sie ideale Momente, wie die nationale Gleichstellung aller Arbeiter und die Notwendigkeit der Aufwendungen für kulturelle Bedürfnisse, in den Vordergrund stellten. Als der Streik ausgebrochen war, wurden übrigens au den einzelnen Pflanzungen noch eine Reihe untergeordneter, vorher nicht erwähnter Forderungen aufgestellt.

Der Ausstand, für den mehr als ein halbes Jahr agitiert worden war, brach im Mai 1909 auf mehreren Pflanzungen aus und währte mit verschiedener Stärke bis in den August. Die Pflanzervereinigung weigerte sich mit den Ausständischen zu verhandeln, solange sie nicht zur Arbeit zurückkehrten, und wartete ab, bis den Streikern das Geld ausging. Diese standen inzwischen auch unter dem Einfluss der Streikgegner, zu denen die oberen Schichten der japanischen Bevölkerung mit dem Generalkonsul an der Spitze, die Kaufleute und 6 von den bestehenden 11 japanischen Zeitungen gehörten. Schliesslich verlief sich der Ausstand im Sande, die Anführer kamen wegen „conspiracy“ ins Gefängnis und die 6 streikfeindlichen Zeitungen gaben der ganzen Sache einen Abschluss durch Erlass einer längeren Kundgebung gegen den Streik, seine Führer und die feindlichen Zeitungen. Diese Kundgebung beantworteten die Pflanzer durch eine weitere, in der sie den Lohnforderungen der Streiker fast ganz nachgaben. Dies geschah im November 1909.

Aus diesem schliesslichen Nachgeben könnte man entnehmen, dass der Streik Erfolg gehabt hat, und die aufgestellten Forderungen berechtigt waren. Jedenfalls würden sie nirgends in den Vereinigten Staaten oder in Europa unbillig genannt worden sein; ebensowenig hätte man dort daran gedacht, den Arbeitern aus ihrer Streikbereitschaft einen Vorwurf zu machen. Für Hawaii und japanische Arbeiter ist es aber gerade charakteristisch, dass das Verhältnis von Unternehmern und Arbeitern auf den Pflanzungen noch keineswegs ganz vom Geiste des Kapitalismus durchtränkt war. Die Arbeiter waren meist Asiaten, die mit Unterstützung der Pflanzer, beziehungsweise des Einwanderungsamtes, herübergekommen waren, um billige Arbeit zu leisten und dadurch ein Pflanzungssystem aufrecht zu erhalten, das eigentlich nicht dem Geiste der wirtschaftlichen und politischen Ungebundenheit entspricht, wie es auf dem amerikanischen Festlande zur Herrschaft gelangt ist. Dieses Betriebssystem hat sich im Königreich und auch noch in der Republik Hawaii sehr wohl gefühlt. Im „Territorium" ist es schon ein Anachronismus, vorausgesetzt, dass man dem Begriffe „Territorium" den Sinn „Bestandteil der Vereinigten Staaten" gibt. Will man den Tatsachen gerechter werden, dann muss man interpretieren: „Kolonie der Vereinigten Staaten." Das tun auch die heutigen Machthaber und sind so imstande, einem wirtschaftlichen Zustande Rechnung zu tragen, den die politischen Ereignisse 1900 überholt haben. Diesem Zustande entspricht das mehr patriarchalische Verhältnis zwischen Pflanzern und Arbeitern, wie es bis zur Annexion auch in aller Form rechtens war. So ist den Arbeitern ein Teil ihrer Haushaltungskosten, wie Wohnung, Gesundheitspflege z. T. abgenommen, so kam man auch dazu, in einem reinen Lohnstreit mit moderner Organisation, die tatsächlich vom amerikanischen Festlande herübergebracht worden war, etwas Verurteilenswertes zu sehen, wogegen sich selbst die besseren Japaner wehrten. Uebrigens wurde allgemein von den Streikgegnern ausgeführt, dass auch bei den vor dem Streik bestehenden Lebensverhältnissen viele Japaner ein viel besseres Auskommen haben müssten, als von den Streikern behauptet wurde, wenn sie sich nur dazu verstehen wollten, an allen Arbeitstagen zu arbeiten, statt sich nur an 18 Tagen im Monat der Arbeit und die übrige Zeit dem Nichtstun hinzugeben. Der Streik bildete gewissermassen den Abschluss für die ganze „vorkapitalistische" Periode des Plantagenbetriebs, denn es war klar, dass die Gesamtheit der Japaner, die gestreikt hatten, nicht mehr jene gefügigen Leute waren, als welche sie bei ihrer Ankunft bekannt waren. Die länger ansässigen waren beinahe ebenso unbotmässige „freie" Arbeiter, wie die aus Amerika herübergekommenen. Sie hatten sogar noch eine Waffe im Lohnkampf mehr als diese: ausser der gewerkschaftlichen noch eine nationale Solidarität, die den Arbeitgebern begreiflicherweise unheimlich sein musste. Bei diesem Streik wurde es vielen klar, wie gefährlich es sei, ganz von Landesfremden abzuhängen, in deren Händen ja tatsächlich der ganze Betrieb ruhte. Dass die japanischen Arbeiter sich ihrer Machtstellung wohl bewusst waren, war bekannt, und diese Zuspitzung des Gegensatzes zwischen Arbeitgebern und Arbeitern zu einem nationalen Gegensatz gab der Angelegenheit einen ernsten Charakter. Zugleich erschütterte er für immer die gesellschaftliche Stellung der Japaner auf den Inseln, denn man wurde gewahr, dass auch die höherstehenden Japaner, die durchaus kein Arbeiterinteresse mehr hatten, sich dem Willen der Mehrheit ihrer Landsleute nur teilweise widersetzen konnten, ja Gefahr liefen, dabei ihr Leben zu gefährden. Die japanische Bevölkerung zeigte sich als eine Gemeinschaft innerhalb der übrigen Gemeinschaft, in die den Aussenstehenden kaum ein Einblick vergönnt war. Infolgedessen entschlossen sich die Farmer, nie mehr ein nationales Monopol unter ihrer Arbeiterschaft gross werden zu lassen, und fingen damit an, den Prozentsatz der Japaner, insbesondere unter den Aufsehern, herabzudrücken. Das war wohl einer der Gründe, der ihnen das Entgegenkommen in der Lohnfrage erleichterte. Ein weiterer war wohl der, dass sie das patriarchalische Betriebssystem seinem Ende nahe sahen und bei dem voraussichtlichen Verschwinden einer fluktuierenden asiatischen Arbeiterbevölkerung auf eine Differenzierung der Löhne nicht mehr viel Gewicht legten.

Die Aenderung, die inzwischen eingetreten war, ist die Abmachung der japanischen und amerikanischen Regierung über die Beschränkung der japanischen Auswanderung. Ihre Wirkungen und die Ergebnisse der japanischen Bevölkerungsbewegung auf Hawaii überhaupt zeigen die folgenden Zahlen:[1]

TABELLE XXI.

Vom 14. Juni 1900 bis 30. Juni 1910 sind

japanische	Männer	Frauen	Kinder	zusammen
eingewandert	61026	15875	520	77421
ausgewandert	57966	11204	6016	75186
Ergebnis d. Wanderung	+3060	+4671	−5496	+2235
Ergebnis d. Volkszählung	—	—	—	+18563

[1] nach dem Fourth Report S. 59 f.

TABELLE XXII.

In den Jahren von 1905–1910 sind Japaner

	angekommen			abgefahren			zugewachsen (+) weniger geworden (–)		
	M.	Fr.	K.	M.	Fr	K.	M.	Fr.	K.
1905	5447	567	55	10315	1339	1154	– 4868	– 832	– 1099
1906	17007	1113	67	12723	1522	1337	+ 4284	– 409	– 1270
1907	11940	2877	158	6959	890	1077	+ 4981	+ 1987	– 919
1908	2369	1700	133	1849	695	979	+ 520	+ 1005	– 846
1909	355	849	76	1597	624	917	– 1212	+ 225	– 841
1910[1]	199	488	31	796	356	552	– 597	+ 132	– 521

Das früher so starke Wachstum der japanischen Bevölkerung auf Hawaii hat sich aber sehr verlangsamt und zuletzt sogar einer Verminderung Platz gemacht, da viele Kinder wieder nach Japan geschickt werden. Andererseits haben sich die Frauen stark vermehrt, und bei der grossen Geburtenfrequenz der Japanerinnen ist zu erwarten, dass sie die Hawaiischen Inseln um eine grosse Anzahl junger amerikanischer Bürger bereichern werden. Von diesen kehren zunächst wohl noch viele mit ihren Eltern nach Japan zurück. Bald aber dürfte eine Zeit kommen, wo das Ab- und Zuströmen der Japaner aufhört, und dann wird die übrigbleibende japanische Kolonie auf Hawaii vor die Frage gestellt sein, ob sie sich amerikanisieren lassen oder weiterhin von der übrigen Bevölkerung national absondern will.[2]

Wie dem auch sei, die Zeit einer drohenden Japanisierung des Territoriums ist voraussichtlich vorbei. Den Nachschub von Arbeitern, den man zunächst von Porto Rico, von Portugal, von Russland und Korea versorgt hatte, liefern jetzt, angeblich zur vollsten Zufriedenheit, die Philippinen, und man muss abwarten, was für eine Völkermischung sich daraus entwickeln wird. Bereits werden übrigens schon einzelne Mischehen zwischen Japanern und andern Nationalitäten gemeldet, und wenn die Pläne des

[1] Nur Januar bis Juni. [2] *Nakamura* a. a. O. glaubt, dass der Geburtenüberschuss der Japaner ihre Abwanderung wett macht.

Einwanderungsamtes in Honolulu gelingen, so ist in einigen Jahrzehnten die Geschichte der japanischen Einwanderung auf Hawaii nur mehr eine Episode in der Entwicklung des jungen amerikanischen Gemeinwesens. Die Prophezeiungen von einem unblutigen Rassenkampf, den man mit dem Vordringen der Japaner auf Hawaii für erklärt ansah,[1] wären damit hinfällig. Jedenfalls scheint mir bei diesen Voraussagen die Widerstandskraft der bald lässigen, bald impulsiven amerikanischen Politik stark unterschätzt worden zu sein.

Eine Fortsetzung der Geschichte der japanischen Einwanderer auf Hawaii bilden die Schicksale der Japaner *auf dem amerikanischen Festlande*, im Gebiet der Vereinigten Staaten. Die Verhältnisse sind hier und dort ähnlich, doch sind einige wichtige Unterschiede bemerkenswert: auch im Westen der Vereinigten Staaten herrscht grosse Arbeiternot, aber die Gesetze verbieten die unterstützte Einwanderung, und es gibt auch kein Plantagensystem, demzuliebe man Ausnahmen gelten liesse. Andererseits trägt das Festland, trotz der starken Rassenmischung, die die amerikanische Bevölkerung aufweist, doch einen ausgesprochen amerikanischen Charakter, so dass eine Abschliessung von ihr stark auffällt, und die assimilierende Kraft der Umgebung auf die eingewanderten Japaner viel grösser ist.

Aber das japanische Einwanderungsgebiet in den Vereinigten Staaten sind in der Hauptsache nur einige Staaten der Union, und zwar Californien, Oregon, Washington, Montana und Nevada, die gegenüber dem Osten des amerikanischen Kontinents, wo die meisten Einwanderer aus Europa landen, grosse Verschiedenheiten aufweisen. Zunächst sind diese Staaten sehr dünn bevölkert. Es hatten im Jahre 1900:[1]

TABELLE XXIII.

	Einwohner.	auf 1 km²
Californien	1485053	4.–
Oregon	413536	1.7
Washington	518103	3.–
Montana	243329	0.6
Nevada	42335	0.1
Vereinigte Staaten (ohne Alaska und Hawaii)	76085794	9.6

1) Vergl. *Aubert* a. a. O. S. 85 ff. 2) Meyers Kl. Konv. Lex. 1909. 6. Band, Beilage zu Seite 646.

Dieser geringen Besiedelung eines so ungeheuren Gebietes entspricht eine grosse Not an Arbeitskräften, die zum Teil eine Folge der Verkehrsverhältnisse des amerikanischen Westens ist, und die in eine Herrschaft der Gewerkschaften ausgeartet ist, wie sie kaum irgendwo anders möglich wäre. Die Löhne sind begreiflicherweise ausserordentlich hoch, und seit die Chinesen ganz vom Gebiet der Vereinigten Staaten ausgeschlossen sind, ist für die Unternehmer, Haushaltvorstände u. s. w. eine schwere Zeit angebrochen. Man kann sich leicht vorstellen, wie gerne man zugriff, als sich die Gelegenheit bot, in den Japanern eine, noch dazu billige, Arbeitskraft zu erhalten, mit deren Hilfe man sich von der Diktatur der trade unions freizumachen hoffte.

Man darf übrigens nicht glauben, dass die japanische Einwanderung gleich im grossen angefangen hat, oder dass Arbeitertransporte die erste Einwanderung gebracht hätten. Die japanische Kolonie in den Vereinigten Staaten bestand vielmehr zunächst aus jungen Leuten, die mehr oder minder studienhalber herübergekommen waren, sich allerdings zum grössten Teil die Kosten für ihren Lebensunterhalt durch ihrer Hände Arbeit verdienten, zumeist, da sie nichts anderes gelernt hatten, als Dienstboten, Kellner, Ladengehilfen und dergl. Die ersten kamen von Hawaii im Jahre 1870, und sie fanden bald Nachfolger: 1884 gab es 300, 1886: 800, Ende 1887: 2000, 1891 etwa 3000. Sie waren meist im Alter zwischen 18—30 und oft aus guter Familie. Da bei der Einführung der allgemeinen Wehrpflicht in Japan die im Ausland zu Studienzwecken weilenden befreit waren, gab es nach *Nitobe*[1] viele, die nur aus diesem Grunde ins Ausland gingen. Natürlich war der Aufenthalt aller dieser jungen Leute in einem von der Heimat so verschiedenen Lande nicht ohne bestimmte Gefahren, denen die christlichen Missionen, warme Freunde der japanischen Einwanderer, zum Teil entgegenwirkten. Es gab auch wenig Frauen, über deren Lebensweise aber nicht immer Klarheit zu herrschen schien. *Nitobe* vermutet schon 1891, dass bei einer Vermehrung der Japaner leicht Reibungen mit der amerikanischen Bevölkerung entstehen könnten. Ueber das weitere Anwachsen der Japaner in Amerika sind die Berichte spärlich und unzuverlässig. 1900 gab es jedenfalls 85986 Japaner in den Vereinigten Staaten, darunter 71386 Männer.[2] Davon waren (siehe oben Seite 69

[1] *I.* (O) *Nitobe*, The intercourse between the U. S. and Japan. Baltimore 1891. [2] Meyers Kl. Konv. Lex. 1905. 6. Band, Beilage zu Seite 646.

Tabelle XIX) 56230 auf Hawaii, so dass auf dem Festlande 29756 anzunehmen sind. Das waren natürlich längst nicht mehr bloss Studenten oder Studenten-Arbeiter, vielmehr waren jetzt schon die Arbeiter, die teils aus Japan direkt, teils aus Hawaii gekommen waren, in erdrückender Ueberzahl. Es folgte 1900 die bekannte Einschränkung der japanischen Auswanderung nach Amerika durch die japanische Regierung, und seither blieb nur mehr ein Rekrutierungsbezirk für Arbeiter, nämlich Hawaii, wo nunmehr, gleichzeitig mit der durch die Annexion bewirkten Aufhebung der mehrjähringen Arbeitskontrakte, eine starke Auswanderung nach dem Kontinent einsetzte. Die Zahl der von dort eingewanderten Arbeiter ist bereits auf Seite 79 Anm 1. mitgeteilt. In den einzelnen Jahren kamen in den Vereinigten Staaten an:[1]

1901	5296	1902	14270	1903	19968
1904	14382	1905	11021	1906	14243
1907[2]	19565	1908	9544	1909	2432
1910	2598.				

Nach dem amerikanischen Zensus von 1900 befanden sich in Californien 5617, in Oregon und Montana je 2500 Japaner.[3] Es wird allerdings behauptet, dass der amerikanische Zensus die Zahl der Japaner in Amerika nicht vollständig wiedergegeben hat, und dass sie tatsachlich etwa 100000 betrug.[4] Nach der oben (Seite 16 Tabelle V.) wiedergegebenen Statistik des japanischen Ministeriums des Auswärtigen befanden sich 1909 in den Vereinigten Staaten 142469 Japaner, von denen 65760 auf Hawaii waren, so dass 76709 für das Festland übrig blieben. Von diesen waren 53361 im Konsulats-Bezirk San Francisco. Aus der Zahl der Zuwandernden kann man keinen Schluss auf die Zahl der Anwesenden ziehen, da sehr viele wieder heimkehren. Nach einer japanischen Statistik aus dem Jahre 1903[5] befanden sich in diesem Jahre 38934 Japaner auf dem amerikanischen Festland, davon 18123 in Californien, 5123 in San Francisco, 6482 in Washington, 2466 in Oregon, 1365 in Montana, 909 in Idaho, 855 in Wyoming, der Rest auf andere Staaten verteilt.

1) 1901–7 nach Aubert a. a. O. S. 142/3; 1908–10 nach Reports of the Department of Commerce and Labor 1910. Washington 1911. 2) Nur Januar—Juni. Die Zahl für das ganze Jahr war mir nicht zugänglich. 3) *P.F. Hall.* Immigration and its effects upon the U. S. A. New York 1907. Seite 36 ff. 4) "The Japanese American Yearbook" (japanisch), San Francisco 1910. S. 38 ff. und *Hall* a. a. O. 5) Mitgeteilt bei *Aubert* a. a. O. S. 143.

Wenn auch die Zahlenangaben alle auseinandergehen, so geben sie doch gewisse Anhaltspunkte und ein Bild der Verteilung der Japaner auf die einzelnen Staaten. Man sieht leicht, dass es sich hier nicht um grosse Zahlen handelt, und dass von einer Ueberschwemmung Amerikas mit Japanern nicht die Rede sein kann. Die Unruhe, die die japanische Einwanderung hervorgerufen hat, ist also nur so zu erklären, dass sich diese auf einzelne Länder und Bezirke konzentriert, so insbesondere in Californien, und in diesem wieder in San Francisco, in dessen Völkergemisch eine Gruppe von einigen tausend Japanern immerhin auffallen mag. Für einige californische Städte ist das Bild dieser Besiedelung mit Japanern folgendes:[1])

Tabelle XXIV.

Es waren Japaner in.	1880	1890	1900	1905
Alamada	16	184	1149	4000
Fresno	1	12	598	1200
Los Angeles............	1	36	204	3500
Monterey	—	1	710	1000
Sacramento	1	51	1209	2000
San Francisco	45	590	1781	8000
San Mateo	—	9	46	5000
Santa Clara	—	27	284	2000
Santa Cruz	—	19	235	2500
Solano	2	26	870	2000

Die Zahlen in der 4. Spalte sind so rund, dass sie gewiss nur geschätzt sind. Leider sind auch die andern Zahlen über die Japaner in Amerika wenig genau, da zu viele an der Verschleierung oder der gefärbten Darstellung der dortigen Verhältnisse interessiert sind. Man muss sich also mit annähernden Ergebnissen zufrieden geben.

61650 erwerbstätige Japaner, die 1900 auf dem Festlande

[1]) Nach einer amerikanischen Erhebung, mitgeteilt bei *Aubert* a. a. O. S. 197.

lebten, verteilten sich angeblich, wie folgt, auf die einzelnen Berufe: [1]

TABELLE XXV.

Landwirtschaft	33500
Handel und Verkehr	14000
Eisenbahnarbeiter	12000
Häusliche Berufe	800
Bergbau	600
Fabrikarbeiter	500
Fischer	250

Die Japaner waren also überwiegend als Arbeiter, insbesondere als landwirtschaftliche und nicht qualifizierte Arbeiter beschäftigt. Japanische Geschäftsleute gibt es zwar überall, wo Japaner in grösserer Anzahl leben, aber sie sind zunächst für den Bedarf ihrer eigenen Landsleute eingerichtet; in Californien, besonders in San Francisco, und im Osten der Vereinigten Staaten gibt es grössere Kaufleute. Von den Geschäften der Japaner befanden sich 3114 allein in Californien, 465 in Washington.

Die Hauptstellung der Japaner in den Vereinigten Staaten ist unzweifelhaft Californien, über das auch am meisten Berichte vorliegen.[2] Merkwürdigerweise versuchen die meisten japanischen Berichte, die ich kenne, die Entwicklung des japanischen Wirtschaftslebens in Californien genau in wirtschaftliche Perioden einzuteilen, ein Beginnen, das so gewaltsam und ins Einzelne gehend durchgeführt wird, dass an seiner Richtigkeit allerhand Zweifel aufsteigen müssen. So teilt z. B. das Jap. Am. Yearbook[3] die Geschichte der japanischen Landwirtschaft in Californien in 5 Perioden ein, die das Aufsteigen der japanischen Landwirte von Arbeitern zu Eigentümern des bebauten Bodens charakterisieren: 1.) Arbeiterperiode von 1887 an, 2.) Kontraktarbeitsperiode von 1895 an, 3.) Teilbauperiode von 1897 an, 4.) Pachtperiode von 1899 an und 5.) Eigentumsperiode von 1903 an. Das ist natürlich nicht wörtlich zu nehmen, als ob etwa jetzt alle Japaner Eigentümer wären u. s. w. Es zeigt aber, wohin die Entwick-

[1] Jap. Am. Yearbook 1900. S. 38 ff. [2] Leider ist mir die ausführliche Darstellung in den Reports on immigration der *U. S. Industrial Commission* (Washington 1901–2) nicht zugänglich gewesen. [3] 1910. S. 64 ff.

lung die erfolgreichsten Japaner gebracht hat, und man muss anerkennen, dass sie sich ziemlich rasch emporgearbeitet haben. Es handelt sich meist um Obst- und Gemüsebau, in denen die Japaner zuerst als Erntearbeiter gebraucht wurden und sich sehr gut bewährten. Die Arbeitsweise der Japaner brachte es dann mit sich, dass ihnen die Arbeiten gruppenweise in Kontrakten vergeben wurden, und alles weitere war dann blos die Frage des Geldbesitzes, denn der Boden in Californien ist gut und billig, die Bedingungen zum Ankauf leicht, und die landschaftlichen Verhältnisse ähnlich wie in Japan, so dass sich die Japaner dadurch angeheimelt fühlten. Dazu herrschte Not an Mann wie überall in Californien, besonders auf dem flachen Lande, auf dem die amerikanischen Arbeiter oft nicht bleiben wollten; da nun seit den 80er Jahren die Einwanderung von Chinesen verboten war, war das Feld für die Japaner frei. Deshalb sind sie aber, ausser in einigen kleineren Distrikten, nicht etwa die Herren des Bodens. Eine neue japanische Veröffentlichung[1] gibt an, dass gegenwärtig zusammen 150000 acres von Japanern bewirtschaftet würden, davon 15000 von den Eignern. Das übrige sind Pachtbetriebe oder solche, wo die Japaner Angestellte des amerikanischen Besitzers sind. Wenn also auch die wirtschaftliche Stellung der meisten japanischen Landwirte in Californien eine mittelmässige oder bescheidene ist, so haben es einige doch zu schönen Erfolgen gebracht, und es gibt u. a. einen „potato king" und einen „baron," Titel, die im „freien" Amerika gerne Plutokraten verliehen werden. Den japanischen Stimmen, die mit Bezug auf diese Erfolge die Lage ihrer Landsleute in den Vereinigten Staaten zu rosig ansehen, halten die genannten zwei Verfasser entgegen, dass das Jahreserzeugnis der japanischen Landwirte in Californien bestenfalls 1/5 des gesamten Erzeugnisses des Staates darstellt. Das wäre immerhin schon ein ansehnlicher Bruchteil.

Wichtiger noch als die Landwirtschaft ist für die Japaner das Schicksal der Lohnarbeit, das natürlich eng mit den übrigen wirtschaftlichen Zuständen des Landes zusammenhängt und daher nicht selten schwankt. Im einzelnen wäre über die Japaner als Arbeiter auf dem amerikanischen Festlande wenig anderes als über ihre Landsleute in Hawaii zu sagen. Wie diese sind sie

---

[1] *S. Kanai* & *B. Ito*, Hokubei no Nihonjin (Die Japaner in Nordamerika). Tokyo 1910.

sehr lernbegierig, suchen um jeden Preis in die einzelnen Berufe einzudringen und arbeiten zu viel billigeren Löhnen als ihre eingeborenen Mitarbeiter, so dass diese sich von der Konkurrenz arg bedroht fühlen. Auch auf dem Festlande ist ein starkes Bestreben unter den Japanern vorhanden, in höhere Stellungen aufzusteigen, und eine stattliche Zahl von japanischen Handwerkern, kleinen und selbst grösseren Unternehmern und Geschäftsleuten beweist, dass ihnen der Erfolg nicht versagt blieb. Es gibt wenig Berufe, die von ihnen noch nicht versucht worden wären; in der Hauptsache sind es dieselben, die auch in Hawaii dem Eindringen weniger vorgebildeter Elemente widerstrebten. Eine ganz besondere Veranlagung haben die Japaner für alles, was mit persönlicher Bedienung zusammenhängt: sie sind zu einem grossen Teil Kellner, Haarschneider, häusliche Dienstboten, Angestellte in Gastwirtschaften, Bädern und dergl., und natürlich schreiten sie dann auch zur Erwerbung von Hotels und Gastwirtschaften vor, von denen ein unverhältnismässig grosser Bruchteil in den Händen von Japanern ist.

Da die meisten Japaner mit den Früchten ihrer Arbeit im Auslande wieder heimkehren und im Vaterlande davon Nutzen ziehen wollen, ist die Spartätigkeit ziemlich stark entwickelt und die Aufbewahrung der Gelder sowie ihre Heimschickung bieten selbst wieder Erwerbsmöglichkeiten. Es entstand daher eine grössere Reihe von kleinen japanischen Banken, die sich zunächst mit den Auswanderungsagenten in die Geschäfte teilten, später aber wohl allein den Platz behaupteten. Leider lässt sich von der Entwicklung des japanischen Bankwesens in Amerika wenig Erfreuliches berichten. Abgesehen von den Filialen der grossen Yokohama Specie Bank, sind die andern klein und haben infolge der häufigen Bankbrüche, die bei japanischen Unternehmungen dieser Art vorgekommen sind, nicht allzuviel Vertrauen. Der letzte Konkurs dieser Art war der der Kimmon Ginko (Golden Gate Bank) in San Francisco, der die Folge betrügerischen Geschäftsbetriebes war. Natürlich riss dieser Konkurs noch eine ganze Reihe von kleineren japanischen Banken um, und der Rückblick des Jap. Am. Yearbook von 1910 stellt fest, dass nur mehr 4 japanische Banken ausser der Specie Bank übrig geblieben wären. Auch das müsste genügen.

Die wirtschaftlichen Erfolge der Japaner in den Vereinigten Staaten werden von Japanern und Amerikanern gerne auf Heller und Pfennig in Zahlen ausgedrückt, was natürlich ein etwas unsicheres Beginnen ist. Um aber doch ein Bild davon zu geben, wie sich einem, übrigens kritischen japanischen Beurteiler die Verhältnisse darstellen, gebe ich hier seine Aufstellung wieder.[1] Das Vermögen der Japaner beträgt nach ihm 16.65 Mill. $, von denen 600,000 $ in Land angelegt sind; ausserdem sind 3 Mill. $ in beweglichen und unbeweglichen Werten festgelegt. Das Kapital der Kaufleute beträgt 10 Mill. $, also durchschnittlich 5000 auf jeden der etwa 2000 Kaufleute. Die Einnahmen der Arbeiter belaufen sich im Jahre auf rund 6.5 Mill. $. Die Banken haben 500,000 $ Kapital und 2 Mill. $ Depots. Nach Japan werden jährlich 7 Mill. $ geschickt.

Die Lage der Japaner in den andern Staaten der Union zeigt ein verkleinertes Bild der Zustände in Californien. In Oregon z. B. gab es 1902: 1500, 1908: 3872 Japaner, darunter 3573 Männer,[2] meist in kleinen Verhältnissen als Arbeiter, kleine Handwerker, Händler und Landwirte. In Washington[3] leben jetzt etwa 2600 Japaner, meist in der Nähe der Küste um Seattle und Tacoma herum. Früher soll es noch um etwa 1000 mehr, gegeben haben, bevor die Einwanderungsbeschränkungen sich bewerkbar machten. Die Japaner verdienen ihren Lebensunterhalt entweder in der Landwirtschaft oder als Arbeiter, zumeist als Eisenbahnarbeiter. Zur Selbständigkeit haben es bisher nur wenige gebracht, die ein kleines Anwesen erworben haben, und in der Nähe der Städte Gemüsebau und Milchwirtschaft treiben. In Seattle gibt es über 20 japanische Hotels jeder Grössengattung.[4] Von den Arbeitern heisst es, dass sie im Jahre etwa 200 $ zurücklegen können, dass aber die Lebenskosten gegen früher sehr gestiegen sind. Auch haben anscheinend noch viele an die Auswanderungsgesellschaften daheim zu zahlen. Der japanische Berichterstatter des Tokioer Auswärtigen Amtes bemerkt übrigens, dass seine Landsleute sich als Arbeiter nicht sehr gut bewähren, da sie zu schwach und wenig ausdauernd sind. Sie essen vorwiegend fleischlose Kost, brauchen aber dasselbe für ihren Unterhalt wie die übrigen Arbeiter. Die Japaner sollen in Washington nicht sehr beliebt sein, da sie sich abseits halten und nur untereinander verkehren. Eine bessere Stellung haben sie im benachbarten Staate Idaho,[5] wo es 1910 etwa 1200 gab. Unter ihnen waren etwa 500 Eisenbahnarbeiter, die ähnlich wie in

---

1) *Kanai* & *Ito* 2. Kapital a. a. O. 2) Jap. Am. Yearbook 1910. 3) Bericht d. Sekretärs *Sato*, Bd. IX. der Berichtsamlg. des Gaimushō. 1912. 4) Hotel Gazette, New York, 27. IV. 1912. 5) Bericht von *Oyama*. a. a. O. 1912.

Washington imstande sind, jährlich (250–280) $ zurückzulegen. Noch besser geht es den etwa 200 japanischen Gärtnern, von denen die besten 7 $ Lohn haben. Die Landwirte sollen nicht viel Erfolge aufzuweisen haben, da sie nicht zu wirtschaften verstehen; aber nach und nach bessert sich auch ihre Lage. Es gibt auch etwa 50 Haushalte, die vom Handel leben, meist nur kleine Geschäftsleute. In Montana[1] gibt es 1258 Japaner, die meist als Eisenbahnarbeiter ins Land kamen. 1897 gab es allein 1500 Bahnarbeiter, 1903: 6000. Obwohl sie alle als mittellose Leute ins Land kamen, haben sich viele von ihnen ein kleines Guthaben erworben und sind Landwirte, Händler usw. geworden. Der erfolgreichste Unternehmer hat es zu einem Kapital von 15000 $ gebracht. In Wyoming[2] lebten im Sept. 1910 1250 Japaner, von denen 90 v. H. Arbeiter waren, überwiegend Eisenbahn- und Minenarbeiter. Ihr Verhältnis zu den übrigen Bewohnern des Staates soll ein befriedigendes sein, namentlich wird hervorgehoben, dass sie Mitglieder der Gewerkschaften sind. Auch in Nevada, Utah und Colorado leben Japaner in geringen Mengen als Arbeiter, kleine Landwirte und Kaufleute, Gastwirte usw. Mit der Entferung von der Küste nimmt natürlich auch die Zahl der sesshaften Japaner ab, so dass sie in der übrigen Bevölkerung ganz verschwinden müssten, wenn diese Staaten nicht so dünn besiedelt wären. Die wirtschaftlichen und gesellschaftlichen Verhältnisse der Japaner in den V. St. sind denen ihrer Landsleute auf den Hawaiischen Inseln fast gleich, nur mit dem Unterschiede, dass es sich hier nirgends um Kontraktarbeiter handelt, sondern dass japanische und andere Arbeiter sich rechtlich und wirtschaftlich ganz gleich sind, oder vielmehr gleich wären, wenn die Japaner sich den Gewohnheiten und Anschauungen der Amerikaner anpassen würden. Die Japaner haben nicht etwa eine besondere Beschäftigung, derentwegen sie herübergeholt wurden, wie auf Hawaii, sondern sie arbeiten in denselben Berufen wie alle übrigen Einwohner des Landes, und wenn sich hierin eine Unterscheidung bemerkbar macht, so geschieht es nur deshalb, weil die Japaner sich aus allerhand Gründen auf gewisse Gewerbe geworfen haben und diese hie und da fast monopolisieren. Daher gilt es für die Japaner überall mit den übrigen Arbeitern, Geschäftsleuten und dergl. in eine scharfe Konkurrenz einzutreten, während in Hawaii auf ihrem eigent-

---

[1] Bericht von Sekretär *Owaku* a. a. O. [2] Bericht von *Oyama* a. a. O.

lichen Arbeitsgebiet, der Plantagenarbeit, des Arbeitermangels halber kaum von einer Konkurrenz die Rede sein könnte: dort war jeder Mann bei der Arbeit willkommen. Hier auf dem Festlande war zwar auch Not an Mann, aber da sich die Gewerkschaftler auf hohen Lohn versteiften, und die Japaner sie beträchtlich unterboten, kam es überall zu einem heftigen Kampfe zwischen dem billigen und dem amerikanischen oder aus Europa eingewanderten teuren Arbeiter.

Dabei ist von einer Verwischung der Gegensätze die längste Zeit nicht die Rede gewesen. Die Japaner schliessen sich gegen die übrige Welt ab, bilden, wo sie halbwegs zahlreich genug sind, kleine Gemeinschaften und führen dasselbe Leben, wie ihre Landsleute auf Hawaii. Sie haben eigene Schulen, eigene Zeitungen,[1] Vereine, besonders Wohltätigkeitsvereine. Diese Abgeschlossenheit ist nicht unbedenklich, denn sie widerspricht auf das heftigste dem, was die Amerikaner von Einwanderern erwarten, und es ist auch nur begreiflich, dass ein solches Verhältnis mit der Zeit zu Missverständnissen führen muss, insbesondere, da die Japaner dadurch erst recht verhindert werden, sich mit Sprache und Anschauungen der Amerikaner vertraut zu machen. Ein mit der Auswanderung sehr gut bekannter japanischer Herr, der so freundlich war, mir seine Erfahrungen zur Verfügung zu stellen, erzählte, er habe im Jahre 1899 Amerika zum ersten Male besucht und dort eine solche Abgeschlossenheit der japanischen Kolonie gegen die Amerikaner gefunden, dass man Konflikte fast mit Bestimmtheit voraussagen konnte. Inzwischen hätten sich die Zustände allerdings geändert, namentlich seit die Japaner durch die Beschränkung der Zuwanderung sesshafter geworden wären, gäben sie sich viel mehr Mühe, sich den Amerikanern zu nähern. Auch jetzt noch hören aber die Klagen darüber nicht auf, dass die Japaner sich der Assimilation widersetzen, ja sogar ihre Kinder vor der Amerikanisierung bewahren wollen und oft von den durchreisenden Japanern in dieser Haltung bestärkt werden.[2]

Und doch müsste die Assimilation bei einigem guten Willen gar nicht so schwer fallen, denn die Wanderungsbewegung nach

---

1) Nach dem Jap. Am. Yearbook gibt es gegenwärtig japanische Zeitungen in: Los Angeles, Sacramento, Seattle, Portland, Vancouver, New York, Salt Lake City, Denver und San Francisco.

2) a. a. O. 215 ff.

dem amerikanischen Festlande schafft von selbst eine gewisse Auslese unter den einwandernden Japanern, die sie ähnlich auswählt, wie alle amerikanischen Einwanderer in früheren Zeiten. Es sind natürlich die unternehmendsten Elemente, die von Hawaii und dem Vaterlande nach dem amerikanischen Festlande übersiedeln. Aber dieses Unabhängigkeitsgefühl allein schliesst sie noch nicht genügend an die Amerikaner, es sind zuviel andere Gegensätze vorhanden. Man lese nur bei dem geistvollen *Aubert*, dessen an hübschen psychologischen Beobachtungen reiches Buch ich wiederholt zu zitieren Gelegenheit hatte, nach, wie amerikanisches und japanisches Wesen einander gegenüberstehen:[3] „Un Americain, un *typical western man*, le type d'homme précisément qui est en rapport avec les Japonais—c'est un homme très sociable, familier avec les étrangers, quoiqu'ils ne soient pas ses égaux, et qui met tout le monde ä l'aise en prenant ses aises. Il ne veut pas qu'on l'oublie, il tient ä ce qu'on l'appelle par son nom avec toutes les initiales de ses prénoms, et non pas *John* tout court, comme lui-meme appelle indistinctement tous les Chinois. Il parle haut, rit fort, bombe, se hausse, exige qu'on le traite ä son rang, plutôt un peu au-dessus, joue franc jeu, pense ä haute voix, défend sans modestie sa chance, avoue la bonne opinion qu'il a de ses capacités, respecte infiniment la valeur de son travail et exige sans plus le plus haut salaire. C'est un homme libre.

Le Japonais entre en saluant trop bas, sollicite trop humblement qu'on le prenne au pair, qu'on lui fasse le grand honneur de le laisser regarder, imiter. Il n'est pas d'humble métier qui le rebute, celui qu'on lui offre lui ira très bien; le plus petit est encore ä sa taille. Tout le monde connaît aux États-Unis l'anecdote si souvent contée d'un officier de marine américain, retrouvant aux Philippines, comme commandant d'un navire de guerre japonais, un boy qu'il avait jadis gardé longtemps au *mess* de son bord. Le fils d'un Samurai n'hésite pas ä s'engager comme domestique ä Yokohama ou aux États-Unis; on l'appellera John. En Amérique, les Blancs refusent ä servir comme domestiques; ä plus forte raison, ils s'y refusent ä l'étranger, chez des étrangers.

[3] Vergleiche einen Artikel im Yorodzu (Tōkyō), übersetzt und abgedruckt im Japan Weekly Chronicle (Kobe) vom 19. X. 11 und die oben zitierten Reden Prof. *Nitobes*, die sich auch auf das amerikanische Festland beziehen, die Reden des Grafen *Okuma*, des Abgeordneten *Shimada*, der 1911/12 die Japaner in Amerika besuchte, u. a.

Le Japonais reste silencieux, mystérieux, souriant. Sauf les officiels, il n'est jamais tout à fait à son rang ou à sa taille à l'étranger. Ce ne sont pas là les manières américaines : dans la lutte internationale, ce n'est pas *fair play*......

Et puis ce Japonais paraît si peu sûr de lui ! L'Américain, lui, est certain que dans son pays il n'est rien qui ne soit *the best in the world*. Le Chinois, mandarin égaré chez les Barbares, est tellement convaincu de l'excellence de sa race qu'il ne s'inquiète guère des „diables" étrangers et reste impassible sous les quolibets. Certes les Japonais, eux aussi, sont persuadés de leur supériorité, mais leur conviction n'est guère impassible. Toujours inquiets que cette supériorité ne soit pas assez reconnue, ils vont devant un étranger jusqu'à s'humilier par orgueil. Un amour-propre maladif, la crainte qu'on ne les traite pas avec tous les égards qu'ils souhaitent, joints à la peur que la couleur de leur peau et leur faible stature n'excitent le rire,—tout conspire ä les isoler, ä les raidir : arrogants et brutaux ou trop aimables, au total rarement assez maitres de soi ni assez détendus pour attirer la sympathie.

Ne parlez pas à un Japonais de la beauté de son pays et de son art, du charme de ses vieilles moeurs et de sa vie simple d'autrefois : ne lui vantez pas la nudité artistique de sa demeure ni la séduction de ses geishas, toutes choses qu'il aime tenacement, profondément et qu'il regrette ä l'étranger. Le voilà gêné et qui ricane en s'excusant : il croit que vous vous moquez, que vous le louez de son passé pour n'avoir pas ä lui parler de son présent ou de son avenir. Ses jardins japonais, ses maisons de bois, c'est trop petit, trop simple de style, trop pauvre de materiaux, trop modeste et trop périssable pour plaire vraiment à un Occidental qui construit d'énorme palais de blocs de pierre. L'amour du sol japonais et du Mikado, c'est un sentiment sacré qu'il garde au profond de soi. C'est une passion intense, très prompte ä douter ses éloges, âpre ä les souhaiter et qui se dissimule, s'effarouche, honteuse ä s'avouer. Froissez-la au vif, comme ä San Francisco, et sous les habits et manières d'emprunt, elle éclate : la douceur souriante s'est muée en arrogance brutale.

Au vrai, si le désir du Japonais de s'américaniser ne parait aux Californiens que faux semblant, c'est qu'ils croient sentir que le Japonais ne se livre pas entièrement à l'emprise de la terre et de la civilisation américaines, qu'il se réserve et que de l'Amérique il ne veut pas tout prendre, en bloc. Il enquête, juge, distingue, ne s'abandonne jamais et jamais ne perd ni sa tête ni son coeur de Japonais."

Was *Aubert* hier beschreibt, ist vielleicht ein wenig grell aufgetragen, aber jeder, der Japan kennt, weiss, dass er den Nagel auf den Kopf trifft, und der Verlauf der Ereignisse bestätigt seine Schilderung. Er ist meines Wissens der einzige, der sich eingehend um das psychologisehe Verständnis der Japaner in Amerika bemüht. Amerikaner und Japaner, die natürlich eine ziemlich umfangreiche, wenn auch nicht wertvolle Literatur über die Einwanderung in den Vereinigten Staaten aufweisen, suchen fortwährend nach sittlichen Werturteilen, als ob das genügen würde, um die Frage zu lösen. Der Streit geht gewöhnlich darum, wie die Japaner in Amerika nach ihrem moralischen Standard einzuschätzen sind.

Die Amerikaner selbst haben hierfür zwei Massstäbe: die öffentliche Meinung sucht nach Argumenten, um ihre Ablehnung der japanischen Einwanderung zu rechtfertigen, während die verantwortlichen Männer sich Mühe geben, der Sachlage in mehr objektiver Weise gerecht zu werden. Merkwürdigerweise ist dieser Zwiespalt auch auf der japanischen Seite vorhanden; aber während die Männer von Verantwortung hier wie dort nach Sachlichkeit streben, ist in der allgemeinen Diskusssion sowohl überschwängliches Lob als überschwänglicher Tadel zu finden. Ich möchte auf die extremen Ansichten beider Parteien hier umsoweniger eingehen, als sie meist der tieferen Begründung entbehren und nur dazu dienen, den Streit ins Endlose zu ziehen, verweise nur darauf, dass sich sowohl auf japanischer Seite heftige Verurteilungen der Japaner in Amerika wie auf amerikanischer Seite grosse Lobeserhebungen über sie finden.[1] Aus den übrigen Urteilen geht hervor, dass im grossen ganzen über die Japaner nicht mehr zu klagen ist als über alle andern Einwanderer, die sich aus armen und ungebildeten Volksschichten rekrutieren, und dass manche von den behaupteten sittlichen Schäden der Japaner auf Mangel an gegenseitigem Verständnis oder auf unangebrachten Forderungen beruhen, die die Amerikaner so gerne andern Nationen gegenüber erheben. Anderer-

---

[1] Als Beispiel erwähne ich: *H. Wakabayashi* & *K. Takata*, Nihonjinmondai shinsō („die jap. Frage richtig dargestellt"), San Francisco Mai 1911 (gedruckt Tōkyō), und *H. B. Johnson* D. D. Discrimination against the Japanese in California. Berkeley (Cal) 1907.

seits ist nicht zu leugnen, dass die Japaner in Amerika nicht durchwegs die besten Vertreter ihres Volkes sind und dass sie nicht selten auch den Versuchungen erliegen, die ein ungebundenes Leben in der Fremde und eine etwas rauhe Umgebung ihnen stellen.

Im Vergleich mit den übrigen Einwanderern, die gegenwärtig in die Vereinigten Staaten strömen, schneiden die Japaner keineswegs schlecht ab, und auch diejenigen, die aus Grundsatz der Einwanderung im allgemeinen feindlich gegenüberstehen oder gerade die asiatische Einwanderung vermieden zu sehen wünschen, haben gegen sie keine sachlichen Klagen vorzubringen, die eine Ausnahmegesetzgebung rechtfertigen könnten. Die Untersuchung der Einwanderer ergibt, dass der Prozentsatz der Analphabeten 21.6% ist,[1] dass sie durchschnittlich 45 $ bei der Einwanderung besitzen, die meisten allerdings gerade nur die vorgeschriebenen 30 $ vorzuzeigen haben, (woraus der Berichterstatter[2] schliesst, dass ihnen das Geld vom Agenten in die Hand gedrückt worden sei), dass sie reinlich und ordentlich sind, wenig Verbrecher und Kranke mit sich bringen und den Gesetzen des Landes gehorsam sind, besonders die besseren Japaner, die in der Mitte und im Osten der Vereinigten Staaten leben. Was die persönlichen Verhältnisse der japanischen Einwanderer anbelangt, so unterscheiden sie sich ein wenig vom Durchschnitt der übrigen Einwanderer und bestätigen das oben von ihrer wirtschaftlichen Stellung auf dem Kontinent Gesagte und auch, dass die Voraussetzungen für eine rasche Assimilation bei Ihnen schwächer sind als bei den übrigen, da sie etwas älter sind als der Durchschnitt, mehr den untern Schichten angehören und weniger Frauen mitbringen, was immer ein Beweis für geringere Sesshaftigkeit ist.[3] Es waren von den Einwandernden im Jahre 1906:[4]

---

1) *P. F. Hall.* Immigration etc. w. o. *Hall* ist Sekretär der Immigration Restriction League.

2) Ob diese Festellung richtig ist, wäre zu untersuchen. Schreiben-Können bedeutet im Japanischen viel mehr als in einem Lande westlicher Kultur. Aber auch abgesehen davon scheint mir die Ziffer etwas zu niedrig.

3) *John R. Commons.* Races & Immigrants in America. New York 1907 Seite 108. Zum Handel (in der viertletzten Spalte) gehören auch die Hotels und dergl. Die Beschäftigungslosen sind nicht mitgezählt.

4) Das Verhältnis der Geschlechter hat sich in allerletzter Zeit bedeutend verschoben; 1909 wurden zur Auswanderung zugelassen: 1462 M. 1813 Fr., 1910: 915 M. 1883 Fr., 1911: 1409 M. 3166 Fr. (Auszug aus der amerikan. Statistik, veröffentlicht im Japan Advertiser, Tokyo, 23. V. 1912)

TABELLE XXVI.

	Kopf zahl	in%		%im Alter von			Erwerbs-tätige	davon in%			
		M.	Fr.	weniger als 14	14–45	über 45		Handel	Gewerbe	ungelernt	gelernt
Japaner	14243	89.6	10.4	1.—	97.1	1.9	11797	10.3	2.2	2.8	84.7
Einwanderer überhaupt	1100735	69.5	30.5	12.4	83.0	4.6	815275	3.1	1.8	21.7	73.4

Das Schicksal jeder Einwanderung wird schliesslich von den Herren des Landes bestimmt, in das die Einwanderung stattfindet. Die Amerikaner waren sich darüber ganz im klaren und fest entschlossen, ihre Rechte zu wahren; ich habe ja oben bereits von dem Ausgang berichtet, den die Geschichte der japanischen Auswanderung nach den Vereinigten Staaten nahm. Hier bleibt nur noch etwas über den Meinungsstreit nachzutragen, der sich über die Zweckmässigkeit oder Unzweckmässigkeit der Einwanderungsbeschränkungen erhob, sowie über den Anlass, der die Frage zur Entscheidung brachte.

Seit dem Verbot der chinesischen Einwanderung nach den Vereinigten Staaten im Jahre 1892, das auch nicht ohne vorausgehende Agitation erlassen worden war, bestand in Amerika eine gewisse Animosität gegen jede Einwanderung aus Asien, und da die Amerikaner zunächst die Japaner von den Chinesen nicht zu unterscheiden vermochten, so mag den Japanern manche Unannehmlichkeit durch diese Verwechslung bereitet worden sein. Als die Japaner dann zahlreich ins Land zu kommen begannen, entstand bald ein Widerstand dagegen, der zunächst von den Gewerkschaften ausging, weil diese natürlich den Wettbewerb der billigen fremden Arbeiter nicht wollten. Es wäre übrigens verfehlt, zu glauben, dass die amerikanischen Arbeiter sich gerade nur gegen japanische oder chinesische Einwanderung stemmen: sie sind gegen jede Einwanderung von Arbeitskräften, die ihren Lohnsatz oder ihre Herrschaft auf dem Arbeitsmarkte gefährdet, und die Einwanderer aus Europa, die wegen Mittellosigkeit oder aus Unkenntnis sich zu jeden Diensten hergeben, wissen ein Lied davon zu singen. Nur assimiliert sich der europäische Einwanderer meist nach wenigen Jahren, wenigstens in Bezug auf

Lebensansprüche und Sprache, oft auch in Bezug auf Politik und nationale Anschauungen, denn die meisten Einwanderer europäischer Abstammung wollen richtige Amerikaner werden, und erst die neueste Entwicklung hat die Art von Einwanderern gebracht, die je nach der Gunst des Arbeitsmarktes kommen und gehen oder gar nur für einige Jahre herüberkommen. Es ist begreiflich, dass die Gesetzgebung der amerikanischen Regierung Mittel an die Hand gab, die es ihr ermöglichen, eine strenge Auswahl unter den Einlasssuchenden zu treffen. Die Italiener z. B., die seit einigen Jahren in hellen Haufen in die Vereinigten Staaten kommen und sich verhältnismässig schwer oder gar nicht assimilieren, zum Teil auch gar nicht sesshaft werden, sind keineswegs gern gesehen. Aber man weiss, dass diejenigen, die sich assimilieren wollen, es gar nicht so schwer haben, und die assimilierende Kraft der amerikanischen Lebensideale ist tatsächlich erstaunlich. Immerhin haben mehr oder minder alle armen und unwissenden Einwanderer Ursache, sich über schlimme Ausbeutung, Betrügerei und ungerechte Behandlung zu beklagen, die den freiheitlichen Grundsätzen der neuen Welt geradezu Hohn sprechen.[1)]

Es ist begreiflich, dass die japanischen Einwanderer eine noch viel schwierigere Stellung haben als die aus Europa kommenden. Sie sprechen fast durchwegs nicht die Sprache, ja sie sprechen überhaupt keine europäische Sprache, und der Unterschied zwischen dieser und der der Japaner ist so gross, dass es ausserordentlich schwer für sie ist, Englisch zu lernen, besonders für ungebildete Leute, die auch daheim mit dem Schreiben und Lesen nicht weit kommen. Denn auch hier ist wieder eine neue Schwierigkeit: die in Japan benützte Schrift ist die chinesische mit ihren Idiogrammen, in denen nur der Gebildete gut Bescheid weiss. Es braucht mehrere Jahre, bis der Japaner so viel von ihr erlernt hat, dass er halbwegs schreiben und lesen kann, denn die 2 japanischen Alphabete, die auch noch schwer genug sind, werden verhältnismässig wenig gebraucht und genügen nicht zum Verständnis der Literatur. Für die Europäer aber ist es ohne vieljähriges, schweres Studium ganz ausgeschlossen, sich mit dem Inhalt japanischer Druck- oder Handschriften bekannt zu machen. So ist also die Verständigung

---

1) Vergleiche: Prof. *Edw. A. Steiner.* The immigrant tide, its ebb and flow. New York. Chicago. Toronto 1909.

zwischen den japanischen Einwanderern und den Amerikanern überaus schwer. Dazu kommt, dass auch Sittén, Anschauungen, Lebensweise, ja selbst die Denkweise der Japaner verschieden ist, dass sie eine andere Geschichte, Religion, kurz eine völlig verschiedene Kultur besitzen, die einen engeren Verkehr mit Ausländern ausserordentlich schwierig machen. Ist doch die landläufige Bezeichuung, die die Japaner selbst den Europäern, Amerikanern und Australiern geben, „*andere Menschen*“ (Ijin). Nun kommt noch hinzu, dass die Japaner sich, wie oben berichtet, zunächst wenig Mühe gaben, sich dem fremden Boden anzupassen, da sie nicht daran dachten, ihre Zugehörigkeit zur alten Heimat aufzugeben. Umso leichter war es also für alle Gegner der japanischen Einwanderung, das Rassenproblem in den Vordergrund zu stellen.

Schliesslich kann es niemand den Amerikanern verargen, dass sie eine Ansiedelung einer fremden Rasse, die keine Neigung zeigt, in der übrigen Bevölkerung aufzugehen, die sich aber von Tag zu Tag vermehrt, mit scheelen Augen ansehen. Bei den Chinesen war die Sache noch leichter; diese gaben gute und bescheidene Arbeiter ab und versuchten nicht, in höhere Stellungen aufzusteigen. Auch waren sie wenig empfindlich und zeigten keine politischen Interessen, liessen sich ruhig als Bürger 2. Klasse behandeln und kamen nicht als Angehörige eines fremden Staates in Betracht, da dieser Staat nicht im Stande war, sie zu schützen. Ganz anders die Japaner: Sie waren nicht immer so fleissig wie die Chinesen, stellten höhere Ansprüche an das Leben und gaben sich mit einer Stellung als Bürger 2. Klasse nicht zufrieden. Im Gegenteil: sie verrieten sogar eine allzugrosse Empfindlichkeit, ja Reizbarkeit, wenn ihre Nationalehre ins Spiel kam, gingen selbst manchmal zur Offensive über und zeigten sich namentlich da, wo sie die Oberhand erlangt hatten, als wenig bequeme Herren. Das wurde noch heikler, nachdem Japan sich als Weltmacht erwiesen hatte, als nicht nur jeder einzelne Japaner sich als Angehöriger einer grossen Nation fühlte, wie er das ja auch früher tat, sondern es auch öffentlich zeigte, und als die Amerikaner erkannten, dass sie aus politischen Gründen die Japaner keinen solchen Beschränkungen würden unterwerfen können wie die Chinesen. Nun begann man auch die Bildung japanischer Kolonien im eigenen Lande mit Misstrauen anzusehen, und es wurde und wird auf amerikanischer Seite oft behauptet, dass dieses Misstrauen sich als begründet erwiesen hat. Die Gegner der japanischen Einwanderung erhielten dadurch eine neue Unterstützung.

Es fehlte und fehlt nicht an Stimmen aus dem amerikanischen Lager, die warm für die Japaner eintraten und haarscharf bewiesen, dass ganz und gar kein Grund vorhanden sei, sie aus sachlichen oder formellen Erwägungen vom amerikanischen Boden auszuschliessen. Aber für die Einwanderung der Japaner liessen sich nur schwer Gründe ausfindig machen, und nur einige Obstpflanzer, deren Meinungen in der Diskussion — wenn auch nicht ungehört — verhallten, setzten sich aus sachlichen Gründen dafür ein.

Endlich erkannte man auch in Japan, dass es besser wäre, sich nicht wegen einiger tausend Auswanderer in Amerika unbeliebt zu machen, und suchte von regierungswegen mit leichten Mitteln die Auswanderung nach den Vereinigten Staaten einzuschränken; aber ich hatte bereits auszuführen, wie wenig diese Massnahme von 1900 gefruchtet hat. Ja, es begann sich sogar ein lebhafter Schmuggel von japanischen Einwanderern über die festländischen Grenzen zu entwickeln, über den die Berichte der japanischen Einwanderungskommissäre laute Klagen erhoben. Das wurde den Amerikanern erst recht verdächtig, und sie fingen an, durch diese stumme Widersetzlichkeit gegen ihre Einrichtungen und ihren Willen als die Herren des Landes gereizt zu werden. Die Zahl der Japaner nahm schnell zu und damit vergrösserten sich die Reibungsflächen.[1)]

So fehlte nichts mehr als der Funke ins Pulverfass, und er kam in Gestalt des Schulkonfliktes in San Francisco. Dort war natürlich die antijapanische Stimmung am stärksten geworden, und in der aufgeregten Zeit nach dem grossen Erdbeben am 11. XII. 1906 ging in der Schulkommission der Stadtverordneten-Versammlung der Beschluss durch, die sämtlichen Kinder asiatischer Abstammung in einer einzigen Anstalt einzuschulen. Der Beschluss wurde damit begründet, dass das Zusammenleben der japanischen und übrigen Kinder zu Unzuträglichkeiten geführt hätte, und dass insbesondere die japani-

1) Die Gründe für und wider die japanische Ausschliessung sind sehr hübsch zusammengestellt in: The annals of political and social science Vol. XXXIV/2 Philadelphia Sept. 1909: Chinese and Japanese in America. Das Einzige, was bei dem Für und Wider von Wert ist, ist die Hinfälligkeit aller andern als der einen Erwägung, dass man keine neue Rassenfrage will, und dass die Amerikaner das Recht haben, über das Schicksal ihres Landes allein zu entscheiden.

schen Schüler, die längst über das Knabenalter hinaus seien, eine sittliche Gefahr für die amerikanischen Mädchen bildeten, die mit ihnen die Schule teilten.

Ueber diese Massnahme entstand eine ungeheure Aufregung unter den Japanern, die sich dadurch für schwer gekränkt erklärten. Die Erregung griff auch bald in Japan selbst um sich, es kam zu Unruhen in San Francisco, die öffentliche Meinung hüben und drüben gährte, und es war so weit, dass man bereits von Krieg und kriegerischen Vorbereitungen sprach.

Es ist nicht meine Sache, die Phasen dieses aufgeregten Streites im einzelnen darzustellen. Der Sachverhalt kam zur Klarlegung durch das Eingreifen des Präsidenten *Roosevelt*, der den Sekretär *Metcalf* mit besondern Vollmachten nach San Francisco sandte, um die Berechtigung der Klagen der Japaner untersuchen zu lassen. Sie erstreckten sich jetzt bereits auf 3 Punkte: 1.) die Schulfrage. 2.) auf die Boykottierung japanischer Gastwirte durch die Gewerkschaften. 3.) auf Ueberfälle und Roheiten, denen die Japaner, auch der bessern Schichten, auf den Strassen der Stadt ausgesetzt seien. Die Untersuchung des Sekretärs Metcalf, die Präsident Roosevelt als Belag zu seiner 2. Botschaft an den Kongress (vom 18. XII. 1907) veröffentlichte, stellte fest: ad 1.) Die Klage, dass erwachsene Japaner mit den übrigen Kindern zur Schule gingen, erwies sich als berechtigt. Fast alle erwachsenen Schüler verschwanden allerdings beim Ausbrechen des Konfliktes aus den Schulen, aber es blieben doch noch einige übrig. Dagegen waren keine Beweise dafür aufzutreiben, dass Unzukömmlichkeiten vorgekommen waren. Der Plan der Schulbehörde, alle Kinder asiatischer Abstammung in eine Schule zu schicken, wäre eine grosse Härte für die Kinder, da sie über die ganze Stadt verstreut wohnen, und daher nicht durchführbar. ad 2.) Japanische Wirte wurden tatsächlich boykottiert, doch nicht alle und nicht *nur* japanische Wirte, sondern auch andere. Der Streik wurde dadurch beigelegt, dass die Vereinigung der Wirte den Streikführern eine Summe Geldes aushändigte. ad 3.) Eine Reihe von Rohheitsakten und Ueberfällen gegen Japaner auf den Strassen San Francisco's ist erwiesen. Meist waren aber junge Burschen die Täter, und Polizei und Behörden taten, was sie konnten, um ihrer habhaft zu werden und die Japaner zu schützen. Es war die Zeit nach dem grossen Erdbeben und Brand, und es gab zu dieser Zeit viele Streiks und Unruhen, und auch Nicht-Japaner wurden auf den Strassen belästigt. Ja, es wurden sogar Ueberfälle solcher Art, die in der Hauptsache harmlos waren, als von Japanern ausgeführt nachgewiesen. Die Klagen, die der japanische Konsul bei der Behörde vorgebracht hatte, wurden rasch und zuvorkommend erledigt. Stadtverwaltung und Polizei waren übrigens damals überlastet, und 1/5 der Polizeimannschaft fehlte im Dienst. Die Schuld für die feindselige Stimmung wird hauptsächlich auf Agitation, insbesondere der Japanese and Corean Exclusion League zurückgeführt.

Es zeigte sich also dieselbe Erscheinung wie stets in erregten Zeitläufen, dass nämlich tatsächliche Vorkommnisse durch die Aufregung der Beteiligten übertrieben werden und dann erst recht Unfrieden stiften. Diesmal wurde durch das energische Zugreifen des Präsidenten, der die Bundesgewalt der Staatsgewalt von Californien gegenüber nachdrücklich zur Geltung brachte, eine weitere Gefährdung des öffentlichen Friedens verhütet. Die Schulkommission nahm ihren Beschluss zu Gunsten eines andern zurück. Für das Nachgeben in dieser und einigen ähnlichen Angelegenheiten, die auf derselben Linie lagen, hatte der Präsident versprochen, für die Unterbindung der japanischen Einwanderung Sorge zu tragen. Der Erfolg seiner Unterhandlungen waren die bereits gemeldeten Bestimmungen, die die japanische und amerikanische Regierung gleichzeitig trafen und die, ohne das Nationalgefühl der Japaner zu verletzen, ein gänzliches Aufhören der Einwanderung japanischer Arbeiter bewirkten.

Der Erfolg dieser Einschränkung zeigt sich bereits in den auf Seite 90 mitgeteilten Zahlen. Die Berichte der japanischen Einwanderungskommissäre lassen keinen Zweifel darüber, dass die geschaffenen Handhaben ausreichen und einen befriedigenden Erfolg gebracht haben:

Tabelle XXVII.

Japaner	1908		1909		1910	
	U.S.A. Festl.	Hawaii	U.S.A. Festl.	Hawaii	U.S.A. Festl.	Hawaii
Zur Einwanderung angemeldet	—	—	2644	1539	2687	1561

Zugelassen	9544	8694	2432	1493	2598	1527
Abgewiesen	643	60	212	46	89	34
Nach Zulassung ausgewiesen	—	—	288	3	178	1
Fortgereist	—	—	5004	2378	5024	2355

Es ergibt sich für die Berichtsjahre 1908/09 und 1909/10 folgende Verminderung der Zahl der Japaner durch Wanderung:[1]

	auf dem Kontinent	auf Hawaii
1908/9	2572	885
1909/10	2426	828

Nach einer andern Statistik beträgt der Ueberschuss der Rückwanderer über die Einwanderer in den Vereinigten Staaten (anscheinend einschliesslich Hawaii): 1908 : 1667, 1909 : 2625; 1910 : 2079, zusammen 6371; für Arbeiter allein beträgt der Ueberschuss in den 3 Jahren zusammen 11,152.[2] Natürlich ist hier der Zuwachs der Japaner durch Geburten nicht berücksichtigt. Seit neuestem ist auch die Einwanderung von alleinreisenden Mädchen unter 17 Jahren in die Vereinigten Staaten verboten, und die japanische Regierung hat entsprechende Weisung gegeben, an solche Mädchen keinen Pass mehr auszuteilen.

Damit ist die Einwanderung von japanischen Volksmassen in die Vereinigten Staaten zu einem Ende gekommen, und da dieser Zustand durch den neuen Handelvertrag festgelegt wurde, ist anzunehmen, dass in nächster Zeit kaum eine Aenderung eintreten dürfte. Deshalb werden aber die Japaner in Amerika nicht rasch aussterben, denn es gibt genug Frauen, auch folgen noch jährlich viele ihren erfolgreichen männlichen Landsleuten über das Meer, so dass für Nachwuchs gesorgt ist. Aber es kehren auch viele Japaner zurück und der Rest wird durch längere Sesshaftigkeit doch mehr und mehr assimiliert werden,

1) Nach Reports of the Dept. of Commerce & Labor 1910 Washington 1911. Enthaltend Reports of the Commissioner general of immigration. Daselbst 278/80. Die Zahlen stimmen nicht ganz mit den auf Seite 87 mitgeteilten.

2) Bericht des Generalkonsuls *Nagai*, San Francisco. Auszugsweise mitgeteilt im Japan Advertiser (Tokyo) vom 6. April 1911.

so dass die Gegensätze nicht mehr so schroff einander gegenüberstehen werden. Auf japanischer Seite mehren sich die Stimmen, die anerkennen, dass die Amerikaner ein Recht dazu haben, ohne Rücksicht auf Empfindlichkeiten irgend welcher Art, darüber zu bestimmen, wer ihr Land besiedeln soll, und wer nicht. Es fehlt allerdings auch nicht an Männern, denen die, wenn auch nicht prinzipielle, so doch praktische Ausschliessung der japanischen Einwanderer vom amerikanischen Gebiet nach wie vor ein Dorn im Auge ist und die, wenn schon nicht für die nächste, so doch für spätere Zeit eine Oeffnung der Grenzen verlangen. Dass die Japaner auf beiden Seiten des Ozeans versuchen, wenigstens den jetzigen Zustand zu erhalten, wird man ihnen nirgends verargen können, aber die Versuche für Neubildung einer politischen Freundschaft zwischen den zwei Grossmächten am Stillen Ozean und die bevorstehende Ausstellung aus Anlass der Eröffnung des Panamakanales (die man übrigens San Francisco zugestanden hat, um es für die Unterwerfung unter den Willen der Bundesregierung in Sachen der japanischen Einwanderung zu entschädigen) müssten eigentlich genügen, um beiderseits Ruhe zu schaffen. Trotzdem fehlt es nicht an Reibungen. 1911 brachte die vorgeschlagene Neuordnung der amerikanischen Einwanderungsgesetze die japanische Oeffentlichkeit in Erregung, da vorgesehen war, allen die Einwanderung in die V. St. zu verbieten, die dem Gesetz nach von der Erwerbung des Bürgerrechts ausgeschlossen sind. Das konnte sich nur auf Japaner beziehen, denn alle nicht Einwandfreien, Bestrafte, Leute mit schlechtem Vorleben usw. sind ohnehin schon ausgeschlossen, so dass grundsätzlich nur noch Angehörige der gelben Rassen keine Bürger der V. St. werden können, da die amerikanische Verfassung nur Weisse, Schwarze und Rote vorgesehen hat.[1] Von den „Gelben" sind aber die Chinesen bereits durch Gesetz von der Einwanderung ausgeschlossen, so dass fast nur noch Japaner von der vorgeschlagenen Gesetzesänderung betroffen werden können. In Japan und unter den Japanern Amerikas verstand man dies sofort, und trotzdem die japanische Regierung sich anscheinend sehr zurückhielt, bekamen die Amerikaner bald deutlich zu hören, dass man den Gesetzesvorschlag als Beleidigung empfinde und bei Gelegenheit, z.B.

---

1) Vergl. Review of the recent decision in re *Saito* 62 Fed. 126 holding, that a native of Japan, of the Mongolian race is not entitled to naturalisation. New York Law Journal, Vol. XI. pp. 1336... 1895.

auch bei der bevorstehenden Ausstellung vergelten werde. Vielleicht hat es auch die japanische Regierung versucht, sich Gehör zu verschaffen, jedenfalls wurde dem ganzen Vorgehen gegen Japan die Spitze dadurch abgebrochen, dass die Senats-Kommission auf Ersuchen der Bundesregierung nach den Worten "ineligible to become citizens by naturalization" den Nachsatz einschob "unless otherwise provided by treaty". Damit war im Fühjahr 1911 dieser Vorfall geschlossen. Dagegen hat die Magdalena Bay Angelegenheit noch immer nicht aufgehört, die Gemüter zu beunruhigen, ja im Fühjahr 1912 hat Senator Lodge durch seine Anfrage an den Präsidenten wieder die allgemeine Aufmerksamkeit auf die Tatsache gelenkt, dass Japan angeblich durch Strohmänner den Besitz der genannten mexikanischen Bucht anstrebt; da diese für wirtschaftliche Unternehmungen ganz ungeeignet sein soll, so wird behauptet, dass Japan eine Flottenstation anlegen will. Bisher haben alle Dementis die Angelegenheit nicht aus der Welt zu schaffen vermocht. Da es noch eine Reihe von politischen und wirtschaftlichen Reibungen zwischen Japan und den V. St. am asiatischen Kontinent gibt, so gibt es trotz aller Bemühungen der beiden Regierungen stets eine gewisse Spannung, die um die Einwanderungsfrage zentriert. Dass es also bei den japanischen Einwanderern liegt, den Grundton für die politischen Beziehungen der beiden Länder zu geben ist klar. Die japanische Regierung hat durch ihre energische Abstellung der Auswanderung nach den V. St. und deren Nachbarländern bewiesen, dass sie von ihren Aussendlingen nicht viel Erspriessliches erwartet, und tatsächlich haben die früheren Botschafter bezw. Gesandten Japans in Amerika sich über ihre Landsleute wenig freundlich geäussert. Seit neuestem hat man aber von Japan aus angefangen, auf die ausgewanderten Japaner einzuwirken, um sie nach jeder Richtung hin dem amerikanischen Bürgerideal näher zu bringen, ja man scheint sich sogar darüber klar geworden zu sein, dass man Japaner opfern müsse, um Freunde in Amerika zu gewinnen, die dann als Pioniere der Interessen ihres oder ihrer Eltern Vaterlandes wirken können. Uebrigens gleichen sich die noch in Amerika befindlichen Japaner jetzt anscheinend mehr und mehr ihrer Umgebung an, und mancher Umstand kommt noch hinzu, die Stimmung den Japanern freundlicher zu gestalten. Der Abgeordnete Shimada, der als Friedensredner 1911 nach Amerika ging und die Lage seiner dortigen Landsleute sehr vernünftig beurteilt, berichtete in einer in Tokyo im Jan. 1912 gehaltenen Rede, 1.) dass in San Francisco ein grosser Umschwung der öffentlichen Meinung zugunsten der Japaner eingetreten sei, der 3 Ursachen habe:[1] 1.) Der Umschwung in der Haltung des San Francisco Chronicle, der früher japanfeindlich war, aber 1911 seine Haltung änderte, nachdem er einen Vertreter nach Japan gesandt hatte, um dort Material (!) für eine 200 Seiten starke Sondernummer seines Blattes über Japan zu sammeln; 2.) Die Erschütterung der Stellung der Gewerkschaften durch den Mac Namara Prozess; 3.) Die bevorstehende Ausstellung in San Francisco, bei der man auf die japanische Beteiligung rechnet. Die Zeitungsgeschichte ist allerdings charakteristisch, kann aber niemanden überraschen, der weiss, wie viel Geld Japan auf Bearbeitung der ausländischen Offentlichkeit verwendet, insbesondere in den V. St. A. und England, wo die Sonderausgabe des amerikanischen Blattes einen ebenso erfolgreichen Vorläufer in der oftgenannten „Japan Number" der Londoner „Times" hat. Ob die Freundschaft zwischen den beiden Ländern am stillen Ozean so fest ist, wie von den Friedensaposteln auf beiden Seiten behauptet wird, vermag wohl niemand vorauszusagen. Keinenfalls aber glaube ich, dass die Auswanderungsfrage in nächster Zukunft den Anlass zu ernsthaften Konflikten zu bieten vermag.

Die Verhältnisse in *Kanada* sind denen in den Vereinigten Staaten ganz analog. Hier aber handelt es sich nur um eine kleine Zahl von japanischen Answanderern, und die ganze Frage hat daher wenig Bedeutung, obwohl sie fast denselben Verlauf nahm wie im Nachbarlande.

Vor dem Jahre 1896 gab es überhaupt keine grössere japanische Einwanderung in Kanada. Dann aber entwickelte sie sich gleichzeitig mit der Aufnahme der regelmässigen Schiffahrtsverbindung nach Seattle durch die Nippon Yusen Kaisha ziemlich rasch, und vom 1. Juli 1896 — 30. Juni 1901 landeten 13913 Japaner in Victoria, die freilich zum Teil weiterwanderten. Die Berichte der Einwanderungskommissäre melden den uns bereits von Hawaii und dem Festlande der Vereinigten Staaten bekannten Sachverhalt über die Tüchtigkeit der japanischen Arbeiter, über ihre den Chinesen überlegene Unabhängigkeit, Energie und Anpassungsfähigkeit, auch über ihre Abneigung, sich wirklich zu assimilieren, und über ihr Streben nach höheren Stellungen.

---

[1] Nach dem Auszug im *Japan Advertiser*, v. 30. I. 1912.

Meist waren die Japaner Holzarbeiter und Fischer, auch Arbeiter in den Bergwerken und bei Eisenbahnbauten, sowie häusliche Dienstboten, Angestellte von Gastwirtschaften und kleine Händler. Bei der dünnen Besiedelung, namentlich des westlichen Kanadas,[1] begann man bald auch die wenigen tausend Männer auf dem Arbeitsmarkte und in der Zusammensetzung der Bevölkerung zu spüren, und in dem zunächst betroffenen Staate Brit. Columbia richtete sich bereits eine Bewegung auf den Ausschluss der Japaner, die aber von der Bundesregierung der Kolonie unterdrückt wurde. Die japanische Regierung schränkte dann selbst die Auswanderung ein, konnte aber ihr nochmaliges Anschwellen nicht verhindern, besonders da von Hawaii viele Japaner herüberkamen.[2] Im Jahre 1907 schätzte man die Zahl der Japaner in Columbia auf 6–12000.

Zu dieser Zeit hatten die Japaner schon in der Fischerei des Staates Brit. Columbia eine ansehnliche Stellung erreicht, wie die folgenden Zahlen beweisen:[3]

1902 besassen die Japaner	723	Schiffe	im	Werte	von	57840 $
andere Ausländer	389	„	„	„	„	31120 $
Einheimische	91	„	„	„	„	7280 $

Damit sind die Japaner nach den Angaben unseres Gewährsmannes schon in die „Unternehmer-Periode“ aufgerückt, denn sie sind nicht nur mehr Fischer, sondern auch Konserven-Fabrikanten oder andere Unternehmer.

Tatsächlich waren die wirtschaftlichen und politischen Verhältnisse in Kanada den japanischen Einwanderern ausserordentlich günstig: die Arbeitsnot war womöglich noch grösser als in den Vereinigten Staaten, die Löhne daher hoch, die einheimische Bevölkerung aber weniger gemischt als dort, und die politischen Beziehungen infolge der englisch-japanischen Freundschaft die besten. Vom Januar 1904 an waren die Chinesen durch die Bestimmung, dass sie beim Eintritt in das Land eine Kopfsteuer von 500 $ zu zahlen haben, so gut wie ausgeschlossen, und so war erst recht wieder freier Raum für das Eindringen von

---

1) Vergleiche Tabelle auf Seite 45. Das oben Gesagte teilweise nach einem Bericht der (weekly) Times London vom 27. 9. 07.

2) Nach *Ogawahira* a. a. O. 8. Kapitel.

3) Brit. Columbien hatte 1901: 178657 Einwohner d. i. 0.18 auf 1 Km². Vergl. *Métin* La Colombie Brit. Paris 1908.

Japanern geschaffen. Ja, sie hatten in Kanada sogar das Recht, sich naturalisieren zu lassen, was sie in den Vereinigten Staaten ganz und gar nicht hatten, so dass ihre Stellung eine fast unangreifbare wurde. Anscheinend waren also die Beziehungen die besten, ihre wirtschaftliche und gesellschaftliche Stellung eine ausgezeichnete.[1] Trotzdem kam es plötzlich zu Unruhen wegen ihrer Anwesenheit.

Es hatte immer schon eine starke Strömung gegen die Einwanderung nichteuropäischer Arbeitskräfte gegeben, auch eine Liga nach dem Muster der amerikanischen arbeitete bereits für die Ausschliessung aller Asiaten. Nach dem siegreichen Kriege Japans gegen Russland scheint die Abneigung gegen die Zulassung von Arbeitern aus Japan besonders stark geworden zu sein, und während einer Verfolgungsepidemie, die an der westamerikanischen Küste ausgebrochen war und ihre Opfer zunächst unter den wenig zahlreichen Indiern gefunden hatte, kam es zu einem Exzess gegen die anwesenden Japaner, der im Anschluss an eine Protestversammlung der Exlusion League in Vancouver ausbrach. Es war dies im September 1907, und die Unruhen wiederholten sich in der nächsten Zeit. Der Erfolg war in Kanada der gleiche wie in den Vereinigten Staaten, nur ging die Entwicklung rascher vor sich. Die politische Freundschaft, die die beiden Regierungen verband, und das noch frische Ansehen Japans als Grossmacht liess es anscheinend nicht zu einer so grossen bedrohlichen Spannung kommen wie bei den Amerikanern.[2] Ausserdem waren ja nur viel weniger Japaner betroffen, und die kanadische Regierung, die durch ihre vertragliche Bindung gegen die Einwanderung der Japaner nichts ausrichten konnte, musste sich Mühe geben, eine schiedliche Lösung herbeizuführen. Sie schickte daher im November 1907 den Minister *M. Lemieux* nach Tokyo, und es gelang ihm der Abschluss eines Formal-Abkommens, das durch einen Notenaustausch bewerkstelligt wurde. In diesen zwei Briefen, die vom 13. XII. 1907 datiert sind, wird zwar prinzipiell daran festgehalten, dass eine Einschränkung der japanischen Einwanderung nach Kanada nicht möglich ist, gleichzeitig erklärt sich aber die japanische Regierung bereit, zur Vermeidung von Unfrieden aus freien Stücken nicht

---

[1] Der Bericht der *Royal Commission* on Chinese & Japanese immigration, Ottawa 1902 — Canada Parliament Sessional paper 54, 1902, ist mir leider hier in Tokyo nicht erreichbar gewessen. Er hat aber für das von mir benützte Buch von *Aubert* als Material gedient. [2] Vergl. *Métin* La Colombie Britannique; Paris 1908.

auf der völligen Einhaltung ihrer Vertragsrechte zu beharren und die Auswanderung nach Kanada einzudämmen.

Damit war derselbe Zustand erreicht, der kurz darauf durch das Einvernehmen mit den Vereinigten Staaten herbeigeführt wurde. Gegenwärtig haben die japanischen Einwanderer in Kanada einen Pass und den Besitz von 25 $ vorzuweisen, unterliegen aber sonst keinen Beschränkungen. Trotzdem ist die ohnehin nicht grosse Zahl von japanischen Einwanderern stark zurückgegangen. Das Ergebnis für die letzten 2 Jahre war:[1]

TABELLE XXVIII.

Einwanderung nach Kanada	Rechnungsjahr 1908–9	1909–10	Zunahme	Abnahme durch Wanderung
aus Japan	495	291		224
insgesamt	146908	208794	61886	

Man ist in Kanada in Regierungskreisen mit dem Erfolg dieses Zustandes recht zufrieden, wenn auch einzelne Abgeordnete aus dem Westen immer noch strenge Ausschliessungs-Massregeln verlangen zu müssen glauben. Es ist kaum anzunehmen, dass in nächster Zeit hier grössere Veränderungen auftreten, so dass die Auswanderungsfrage mit Bezug auf Kanada ebenso auf einem Ruhepunkt angekommen ist, wie für die übrigen, bereits besprochenen Gebiete.

Ich gehe nun zu einer andern Gruppe von Auswanderungszielen für Japan über, die bisher überhaupt wenig Bedeutung hatten; es sind dies Lateinisch Amerika, Australien und alle übrigen Küstengebiete des Stillen Ozeans, ausgenommen China und die japanischen Kolonien.

Der Zahl der Auswanderer nach, die diese Länder gegenwärtig bewohnen, verdient dieser Teil der Auswanderung kaum, dass man ihn näher erwähnte; denn es handelt sich auf diesen grossen Gebieten nur um wenige Tausende, so dass kein volkswirtschaftliches oder politisches Interesse stärker in Frage kommt. Aber das Bild der japanischen Answanderung soll hier so vollständig

1) Report on Immigration part II. annual rep. 1910 Dept. of the Interior. Dominion of Canada. Ottawa 1910. S. 6.

wie möglich festgehalten werden, und es gibt einige Gebiete unter den eben zu einer Gruppe zusammengefassten, die in Japan als Zukunftsländer für japanische Ansiedler bezeichnet werden. Das sind Südamerika und die Inseln der Südsee sowie die Malayen-Staaten. Es gibt zwar wenig Länder, die in der japanischen Oeffentlichkeit nicht schon eine ähnliche Bewertung erfahren hätten, aber im vorliegenden Falle hat die Behauptung etwas für sich.

Tatsächlich herrscht auch in vielen Ländern Südamerikas Mangel an Arbeitskräften, und es gibt noch viel Land zu besiedeln. Aber die Löhne sind selten so hoch, dass sie wie die nordamerikanischen eine grosse Verlockung darstellen, und wenn sie dies doch tun, dann ist zu befürchten, dass sie durch ungünstige Verhältnisse aufgewogen werden. Auch waren die Verbindungen mit Japan die längste Zeit nicht die besten, und erst als die Tōyō Kisen Kaisha 1906 ihre Linien Hongkong — Japan — Hawaii — Callao — Iquique — Valparaiso einrichtete, war dieser Uebelstand behoben. Ende der 90er Jahre waren kleinere Auswanderertrupps vereinzelt in Südamerika gelandet. Die Aufmerksamkeit richtete sich aber erst auf jenen Kontinent, als fast gleichzeitig mit der Errichtung der neuen Schiffahrtslinie die Auswanderung nach Nordamerika und Hawaii eingeschränkt, ja fast abgeschnitten wurde und die betreffenden Auswanderungsgesellschaften sich nach Abhilfe umsahen. Seit dieser Zeit konnte man fortgesetzt in der japanischen Presse begeisterte Schilderungen über die Länder Südamerikas lesen, und man predigte Auswanderung und Ausdehnung des Handels nach dem verheissungsvollen Ziel. Seither folgten auch verschiedene Versuche mit der Aussendung von Auswanderern, aber die Erfolge waren sehr bescheiden. Dagegen hörte man wiederholt von Misserfolgen und Uebelständen. Es konnte natürlich nicht fehlen, dass die zu hoch gespannten Erwartungen der Auswanderer enttäuscht wurden, dazu kamen noch allerhand Missbräuche von Seiten der Auswanderungsgesellschaften, die der Regierung einen wahrscheinlich willkommenen Anlass zum Einschreiten boten.

Es kam noch eins hinzu: Man hatte sich in Japan viel von den freundschaftlichen Gefühlen der südamerikanischen Republiken gegenüber Japan versprochen, aber bald musste man merken, dass diese bei Inanspruchnahme bedeutend kühler waren, als man vermutet hatte. Einige von Ihnen erliessen sogar Einwanderungsverbote oder entsprechende Massregeln, andere wieder waren bereits durch die Aufnahme von Chinesen, mit denen sie nachher die Japaner verwechselten, gegen die Aufnahme nichteuropäischer Kolonisten eingenommen, und andere wieder schienen das siegreiche Japan nach dem Frieden von Portsmouth für zu gefährlich zu halten, um ihm in ihren Grenzen die Errichtung von Gemeinschaften zu gestatten. Dazu kamen noch Rassenvorurteile, schlechte Erfahrungen mit einem der eingewanderten Japaner, das Beispiel und vielleicht auch der Einfluss Nordamerikas, kurz es scheint, als ob die Aussichten am Schluss des ersten lustrums nach der Eröffnung der japanischen Schiffahrtslinien nur mehr bescheiden wären.[1]

Die wichtigsten Einwanderungsländer sind Peru und Brasilien.

Peru soll sich für Ansiedlung ganz gut eignen: das Klima ist günstig, die Arbeit für Landwirte nicht zu schwer, jedenfalls leichter und angenehmer als in Hawaii. Dagegen gibt es allerhand Krankheiten, deren Bekämpfung freilich nicht unmöglich ist. Die Ursachen des Misserfolges für japanische Ansielder, von denen im Jahre 1910 4625 übrig waren, sind zum Teil schon oben zusammengefasst. Es kommt noch hinzu, dass die Meiji Shokumin Kaisha (Meiji Ansiedlungsgesellschaft) den Boden für Japaner durch unredliches Gebahren verdarb[2], dass das Leben in Peru wenig Freuden bietet, dass daher die Moral der ziemlich gut mit Geld versehenen, vereinsamten Japaner leidet, da natürlich Spielen, Trinken und geschlechtlicher Genuss zu grosse Anziehung ausüben. Noch dazu wurden die armen Leute von den Agenten betrogen und um einen Teil ihrer Ersparnisse gebracht, die auf dem Wege nach der Heimat einfach verschwanden. Im Durchschnitt soll ein Arbeiter 25.33 Yen im Jahre nach Japan schicken, was mit Rücksicht auf die gebrachten Opfer sehr wenig ist. Es ist naheliegend, dass die Japaner, die auch auf Hawaii und in den Vereinigten Staaten ihr Heimweh nicht unterdrücken können, erst recht nicht in Peru aushalten wollen, und zurückkehren, sobald sie können. Auch fehlt ihnen ausser dem Willen auch die Möglichkeit zur Assimilation an die nicht sehr rassen-starke Bevölkerung, und diese vergilt das

---

1) Die aufgeführten Gründe finden sich in einem Bericht des Sekretärs des Gaimushō *Akatsuka* an das Ministerium des Aeussern. Abgedruckt im Band 6 der erwähnten Berichtsammlung, Tokio 1911. — Vergleiche auch *Aubert* a.a.O. passim.

2) Vergl. Bd. IX. der „Berichte usw“. 1912.

durch Klagen über die Beschaffenheit des japanischen Einwanderermaterials, die schwer nachzuprüfen sind.

Der Berichterstatter der japanischen Regierung[1] empfiehlt etwas zur Hebung der Lage seiner Landsleute in Peru zu tun, da er zur Erkenntnis gekommen ist, dass das Schicksal der zukünftigen Einwanderung von dem der gegenwärtigen Einwanderer abhängt und es viel darauf ankommt, auf dem keineswegs aussichtslosen Boden Perus sich die notwendigen Sympathien der Einheimischen zu bewahren. Man scheint sich auch in Japan diesen Ansichten angeschlossen zu haben, wenigstens hält es jetzt für die Auswanderungsagenten schwer, Erlaubnisse zur Auswanderung zu erhalten. Für eine kleine Zahl Auswanderer, die ausgesucht und nicht etwa durch Lügen und Ueberredungen zur Reise gewonnen wurden, ist sicherlich Platz in Peru. Aber einen Ersatz für Hawaii dürfte man dort kaum finden.[2]

Von der Auswanderung nach *Brasilien*[3] wurden gleichfalls die grössten Erfolge erwartet, da man auf das Beispiel der deutschen u.a. Kolonien im Staate Sao Paolo hinweisen konnte. Aber die Ansiedlung der fremden Ankömmlinge in geschlossenen Kolonien ist vielen Bewohnern Brasiliens ein Dorn im Auge und sie dulden sie nur, wo sie angesichts anderer grosser Vorteile nicht anders können. Zur Anlegung von Siedlungen fehlt es den Japanern meist noch an Geld. Sie kamen als Plantagenarbeiter für die grossen Pflanzungen, haben sich aber nur teilweise bewährt, blieben meistens nicht auf den angewiesenen Plätzen wohnen, so dass die Staatsregierung die in Aussicht gestellten Unterstützungsgelder zu einem Teil wegen Nichterfüllung der Voraussetzungen verweigerte. Die wirtschaftlichen Aussichten für die Einwanderer sind ziemlich günstig, aber es bedarf richtiger Siedler, die mehrere Jahre zunächst auf die Schaffung einer Heimstätte verwenden wollen, sowie etwas Kapital mitbringen. Auch die Arbeiter müssen sich natürlich erst eine zeitlang einleben, bis sie Erfolge aufweisen können. Bisher hat es die japanische Kolonie in Brasilien noch nicht auf 2000 Köpfe gebracht (die Zahlen werden so verschieden angegeben,

---

1) Sekretär *Itō* in seinen 2 Berichten vom Jahre 1910 in der genannten Berichtsammlung.

2) Neuerdings wurde ein Transport von 200 Auswanderern nach Peru abgefertigt.

3) 4 Berichte in der Sammlung des Gaimushō aus den Jahren 1908-11.

dass ich sie nicht anführe)[1] und ihre Zunahme vollzieht sich in mässigem Zeitmass, da die japanische Regierung sehr zurückhaltend mit der Erteilung von Pässen geworden ist. Natürlich ist für Brasilien wie Peru eine Auswanderung nur unter Beihilfe einer Auswanderungsagentur möglich, von deren Geschick und Bemühungen auch die Zukunft der japanischen Auswanderung zu einem grossen Teil abhängen dürfte. In Brasilien soll jetzt ein grösseres Unternehmen zum Zwecke der Reiskultur von japanischen Kapitalisten in Vorbereitung sein. Im März 1912 wurden 2600 Japaner nach Brasilien gebracht für deren Transport die Regierung von Sao Paolo den Auswanderungsgesellschaften als Beitrag zu den Transportkosten 10 $ für jeden Mann, 8 $ für jede Frau und 6 $ für jedes Kind über 4 Jahre zahlt. Die japanische Regierung hat die Erlaubnis zu diesem Unternehmen nach langem Drängen der Gesellschaften versuchsweise erteilt, nachdem Baron Ucihda die Leitung des Auswärtigen Amtes übernommen hatte.

In den übrigen Staaten Südamerikas ist die Zahl der anwesenden Japaner kaum nennenswert. Zum Teil sind sie von Peru oder Brasilien herübergekommen. Die Berichte der Regierung schildern diese Länder meist als nicht ohne Aussicht, aber immer wieder wird verlangt, dass nicht Leute ohne Vermögen oder solche, die das Ansehen Japans gefährden könnten, hinausgeschickt werden. Bei Chile und Argentinien wird sogar aufmerksam gemacht, dass die Haltung des Volkes gegenüber asiatischer Einwanderung vielleicht zu Bedenken Anlass gebe.[2]

Im Zusammenhang mit den südamerikanischen Auswanderungszahlen wäre noch kurz *Mexiko* zu erwähnen.[3] Die Schicksale der Auswanderer in diesem Staate sind ähnlich wie in den übrigen Staaten Lateinisch Amerikas: Die Auswanderung ist jung, wenig zahlreich, doch hat sich ein Bruchteil von ihr

---

1) Nach einer Aeusserung des Vize-Konsuls *Noda* aus Rio de Janeiro, in der Osaka Mainichi (abgedruckt im Japan Weekly Chronicle vom 24. VIII. 1911) gibt es derzeit etwa 1400 Japaner in Brasilien, die meist Plantagenarbeiter, Bergarbeiter und Zimmerleute sind. Ein Bericht von *Fujita* im Bd. IX. der „Berichte usw." 1912 spricht von 788 Japanern im März 1911.

2) Berichte (in der Sammlung des Gaimushō) über Kolumbien, 1910, Argentinien 1910 und 1911, Chile 1908 und 1909 und Bolivien 1909.

3) Ueber Mexiko vergleiche den Bericht aus dem Jahre 1908 in der Sammlung des Gaimusho, einen Bericht in der Jap. Times vom 1. IV. 1911 und *Ogawahira* a.a.O. 8. Kapitel.

hübsche Erfolge gesichert. Ein oft besprochener Versuch ist die von Vicomte *Enomoto* angelegte japanische Siedlung in Isidoro, die zuerst Erfolg zu haben schien, sich aber später auflöste. Ihre Mitglieder zogen zum Teil in die nahe Kleinstadt Chapas, wo sie sich mit der eingeborenen Bevölkerung vermischt zu haben scheinen. Eine neue Meldung besagt allerdings, dass es dort auch eine japanische Schule gebe, so dass das Aufgehen in der Bevölkerung in Zweifel gezogen werden könnte. Wenn es stimmt, dass die Zahl der Japaner 1911 : 2479, 1908 aber etwas über 3000 war, so kann hier von einem Fortschreiten der japanischen Einwanderung nicht gesprochen werden. Es wäre möglich, dass das eine Folge der japanischen Auswanderungspolitik ist, die sich genötigt sah, auch die Abfahrten nach Mexiko 1907 einzudämmen, um zu verhindern, dass ihre Auswanderer heimlich über die ungeschützte Grenze der Vereinigten Staaten dringen, wie das 1900 in grossem Umfang geschehen sein soll.

Im Stillen Ozean wäre natürlich seiner wirtschaftlichen und Bevölkerungsverhältnisse, auch seiner Ausdehnung wegen, *Australien und Neuseeland* das vorzüglichste Ziel für japanische Auswanderung. Aber diese britischen Kolonien sind so zäh in der Verfolgung ihrer Besiedelungsideale, des *White Australia*, dass sie die allerschärfste Ueberwachung der Einwanderung durchführen, und seit Jahren nur mehr wenig japanische Einwanderer Einlass finden. Die jetzt noch vorhandenen sind zum grössten Teil Perlenfischer, an deren Verdrängung man aber bereits arbeitet.[1]

So ist eigentlich im Süden das aussichtsreichste Gebiet versperrt. Auch das übrigbleibende Inselgebiet und die angrenzenden Teile Ostasiens besitzen noch genug Anziehungskraft für eine bestimmte Gruppe japanischer Politiker, die durch den Namen des Abgeordneten *Y. Takekoshi* gekennzeichnet wird. Dieser ist ein unermüdlicher Anwalt der Auswanderung nach dem Süden, dessen menschenarme Gebiete mit Lebensbedingungen die denen der japanischen Inseln ähnlich sind, von ihm als ein

---

1) *Ph. S. Edershaw* B.A. & *P.P. Olden*, Univ. law school. Sydney. „The exclusion of Asiatic Immigrants in Australia in „The Annals of Academy of pol. & soc. science.“ Vol. XXXIV/2 1909. p. 190 ff. Zur Einwanderung zugelassen wurden 1903 : 558; 1904 : 461; 1905 : 251; 1906 : 356; 1907 : 521; 1908 : 555; 1909 : 509; 1910 : 565 Japaner. Die Zahl der Ausgewanderten ist mir nicht bekannt. Vergleiche *Official Yearbook of the Commonwealth of Australia*, Containing statistics for the period 1901—10. Melbourne 1911. S. 1165.

begehrenswertes Besiedlungsobjekt für seine Nation hingestellt werden. Selbstverständlich ist aus politischen Gründen gar nicht daran zu denken, dass die Mächte, die das Kolonialreich unter sich aufgeteilt haben, eine planmässige Kolonisation ihres Besitzes dulden könnten, aber man muss *Takekoshi* beistimmen, wenn er behauptet, dass da unten das natürliche Feld für japanische Ausdehnung wäre. Bis zu einem gewissen Grade gibt auch die Stellung der japanischen Schiffahrt und des japanischen Handels auf den Inseln dieser Behauptung Nachdruck. Wenn diese Tätigkeit nicht ausreicht, um Japan dort unten irgend einen Einfluss zu sichern, so kömmt das daher, dass das wirtschaftliche Leben meist nicht sehr rege ist, und die politischen Gründe die einzig ausschlaggebenden sind. Zu einer nachhaltigen Kolonisation fehlen übrigens Japan sowohl die Kapitalien als auch die Menschen, die bereit sind ihrem Vaterlande auf lange Zeiträume, wenn nicht für immer zu entsagen.

Es ist eine verhältnismässig grosse Anzahl über alle Inseln hin verstreut, aber absolut sind es nur wenige tausend auf einem ungeheuren Flächenraum. Die meisten von ihnen sind auf den französischen Inselgruppen, besonders in den Nickelgruben von *Tahiti*, wo seit 1892 japanische Arbeitertrupps gelandet wurden, die sich sehr gut bewähren sollen. Aehnlich steht es mit französisch *Neukaledonien* wo jetzt über 1700 Japaner, fast nur Arbeiter, leben. Diese werden nach einigen Jahren abgelöst, verdienen inzwischen ziemlich gut, so dass sie etwa ein Viertel ihres Lohnes ersparen können, haben aber ein wenig genussreiches Leben. Frauen befinden sich fast gar nicht unter ihnen. Früher gab es viele Fälle von Beriberi unter den Auswanderern nach den Inseln, doch soll das jetzt behoben sein. In Australien hat man wegen der dichten Besiedlung der kleinen, verhältnismässig nahe gelegenen Inseln mit Japanern wiederholt schon Nervosität gezeigt. Auch bis nach Reunion sind japanische Auswanderer gelangt.

Auf *niederländ. Borneo, Sumatra, britisch Nordborneo*, den *Fidschi Inseln* und einigen andern englischen Inseln gibt es einige hundert Japaner, übrigens meist weiblichen Geschlechtes, die von der Prostitution leben, sonst nur wenige versprengte Matrosen und Kaufleute, die Reste einer früher etwas zahlreicheren Schar. Ihre wirtschaftlichen Verhältnisse sind beschei-

---

2) Bd. VIII der „Berichte“ Tokio 1911.

den, manchmal gut.[1] Auch auf den deutschen Inseln leben Japaner.

Auf den *Philippinen* gibt es beinahe 2000 Japaner. Dort ist zwar eigentlich jede asiatische Einwanderung von der amerikanischen Regierung verboten, aber das Verbot scheint nicht streng gehandhabt zu werden, denn auch jetzt noch findet eine kleine Einwanderung statt. Charakteristisch ist für die frühere Einwanderung nach den Philippinen, dass sie meist ohne Inanspruchnahme von Agenturen vor sich ging. Sie begann etwa 1898 und stieg langsam bis 1902. In diesen 5 Jahren kamen insgesamt 595 Männer und 135 Frauen hinüber, von denen 127 Männer und 45 Frauen zurückwanderten, 88 starben, während 10 plus 6 durch Geburt hinzukamen. Es waren meist Fischer und Seeleute, die sich oft nur vorübergehend aufhielten. Von 1903–1908 nahm die Einwanderung zu und brachte viele Kontraktarbeiter zur Aufführung der vielen öffentlichen Bauten, die die Vereinigten Staaten in ihrer neuen Kolonie aufführen liessen. Im ganzen kamen damals 3277 Japaner, zunächst nur für öffentliche Arbeiten, dann auch für Bergwerk und Landwirtschaft. Seit 1909 hat die Einwanderung aus Japan wieder abgenommen, da die öffentlichen Bauten meist wieder eingestellt sind. Im letzten Berichtsjahr gab es 1919 Japaner, davon 35% Zimmerleute, 16,4% landwirtschaftliche Arbeiter, 11,4% Prostituierte und dergl., 8,1% Dienstboten, 4.4% Handlungsgehilfen und 24.4% andere. Auch jetzt noch dauert die Einwanderung fort, doch vermisst man wiederum Leute die etwas Geld mitbringen. Die Aussichten für die Ansiedlung von kleinen Landwirten sollen günstig sein.[2] Die Japaner sind bei der eingeborenen Bevölkerung recht gut aufgenommen und scheinen sich ziemlich wohl zu fühlen. Nur gab es manchmal Missstimmung durch die vermutete Anwesenheit von Spionen, nach denen die amerikanischen Behörden mit Eifer fahndeten.

In *Französisch Indien*,[3] *Siam*[4] und in den *Malayenstaaten*[5] finden sich wenige hundert Japaner in allerhand Lebensstellungen

---

1) Mehrere Berichte des Auswärtigen Amtes in Tokyo 1908–12. auf Sumatra leben etwa 600 Japaner; 2/3 davon sind Prostituierte.

2) Bericht des Gaimusho wie oben Dez. 1908; Russell *McCulloch Story* A.M. Oriental Immigration into the Philipines; The Annals of the Am. Academy of pol. & Soc. science XXXIV/2 1909 p. 168 ff.

3) Ministerialbericht (wie oben) Band 4. 1910.

4) Ebda.

5) Ebda.

verstreut, davon ein ansehnlicher Bruchteil als Kaufleute. Sie haben hart gegen den Wettbewerb der Chinesen, Javaner und anderer Völkerschaften anzukämpfen, auch sind die Löhne nicht hoch, wohl aber die Kosten des Lebensunterhaltes gering für Eingeborene und Chinesen. Die Berichterstatter der japanischen Regierung empfehlen diese Länder nicht gerade zur Einwanderung, aber sie heben hervor, dass Leute mit einigem Kapital vielleicht ganz hübsche Erfolge erzielen könnten. In den Malayenstaaten sind die Aussichten etwas günstiger. Man hofft, in den Kautschukpflanzungen japanische Ansiedler in grosser Zahl unterbringen zu können, und wie ich von einem Beamten einer Auswanderungsgessellschaft erfuhr, sind diese Ermittlungen, auf die man allerhand Hoffnungen setzt, noch nicht abgeschlossen. Es ist nicht unmöglich, dass künftig die Zahl der Auswanderer nach diesen Gebieten zunimmt, aber es scheint mir zweifelhaft, ob dort tatsächlich grössere Massen dauernd untergebracht werden können, da die Bevölkerung sehr zahlreich ist, und es sich nicht um einen Mangel an Menschen, sondern nur um einen solchen an Arbeitskräften handelt. Auch genügen die Löhne nicht den Ansprüchen der Japaner.[1] Für Niederländisch *Indien* verzeichnet die oben wiedergegebene Statistik des Auswärtigen Amtes (Seite 16 Tabelle V.) 781 Japaner im Jahre 1909, doch ist mir nichts Näheres über ihre Beschäftigung bekannt. Ein Mangel an Menschen besteht jedenfalls in ganz Indien nicht.

Dasselbe ist der Fall in China, wo eine stattliche Anzahl von Japanern sesshaft ist. Der grösste Teil von ihnen wohnt allerdings in den unter japanischer Verwaltung stehenden Ländern, doch leben auch in dem übrigen China noch recht viele Japaner, die natürlich unter einem Volk, dessen Angehörige auf Hunderte von Millionen geschätzt werden, der Zahl nach nicht ins Gewicht fallen. Angaben über Zahl und Beschäftigung sind mir nicht bekannt, da die Auswanderung nach China nicht so sorgfältig überwacht wird und aus dem Innern des Landes auch nicht viel zu erfahren ist. Es kann sich natürlich nur um Kaufleute und Gewerbetreibende handeln, da in dem dichtbesiedelten, ungeheuren Land für Kolonisten kein Platz ist.

In *Russisch Ostasien*[2] gibt es einige tausend Japaner, die

---

[1] Seit wenigen Jahren haben auch japanische Kapitalisten Gummipflanzungen in den Malayenstaaten erworben; 1911 hatten sie 83789 acres, auf denen wohl viele Japaner ein Unterkommen finden können (Bd VIII der „Berichte.“ Tokio 1911).

[2] *C. v. Zeppelin.* Der ferne Osten 3. Teil (Russland in Asien Bd. XI) Berlin 1911 Seite 50–51, 55–58; — Ministerialbericht Tokyo (wie oben) Band 1. 1908.

teils als Fischer hinkamen, teils von den grossen Bauten angelockt wurden, die die russische Regierung aufführen liess. Die erste Gelegenheit dieser Art war die Verlegung des Kriegshafens von Nikolajewsk nach Wladiwostock (1872). Seither gibt es dort noch immer Zimmerleute, Tischler und kleine Händler japanischer Nationalität. Später kam dann eine regelmässige Dampferverbindung mit Japan zustande, es wurde eine konsularische Vertretung Japans eingerichtet, und die japanische Kolonie nahm einen dauernden Charakter an. Der Bau der Ussuribahn übte wieder starke Anziehungskraft aus und gab vielen Menschen Beschäftigung. Nach dem Krieg wurden die Japaner durch den Handelsvertrag von 1907 sehr günstig gestellt und erhielten dieselben Rechte wie der russische Untertan. Sie hatten aber inzwischen an Zahl abgenommen, da sie bei Beginn des Krieges das Feld hatten räumen müssen. Es wird besonders hervorgehoben, dass die Japaner ausserordentlich fest durch Vereine und berufsgenossenschaftliche Organisationen zusammengeschlossen sind und sich dadurch gegenseitig forthelfen, so dass alle Ankömmlinge, die durchwegs ohne Geld sind, bald in die Lage kommen, Ersparnisse in die Heimat zu schicken. Der nach russischen Quellen zusammengestellte Bericht *v. Zeppelin's* weiss noch von einem sorgfältigen Ausbau des japanischen Nachrichtendienstes zu erzählen, dem sogar die kleinen Fischerboote dienstbar gemacht werden und von einem regen Schleichhandel, der von den Japanern insbesondere von ihrer Kurilen-Insel Schumschu aus betrieben wird. Diese Angaben erhalten beständig Bekräftigung durch Berichte ostasiatischer, namentlich russischer Zeitungen, nach denen die Küste Nordostasiens bis tief ins Land hinein von einem wohlorganisierten Heer japanischer Spione durchforscht wird. Als Stationen dienen dabei neben den japanischen Konsulaten eine grosse Anzahl über das ganze Land verstreuter japanischer Händler, Restaurants und Bordelle, die regelmässig von Berichterstattern besucht werden. Japanische Prostituierte sind auf dem asiatischen Kontinent sehr stark vertreten; in Charbin allein gab es 1912 nach einer mir gemachten Mitteilung eines sehr zuverlässigen Gewährsmannes 300. Auch die Klagen über Schleichhandel und ungeniertes Spionieren in den russischen Gewässern durch japanische Fischerboote wollen nicht verstummen; sie sind ein Beweis für die feste Stellung Japans auf dem Kontinent. Aus Zeitungsmeldungen scheint hervorzugehen, dass die japanische Einwanderung in letzter Zeit zurückgegangen ist, und dass die beiden beteiligten Regieruugen einverständlich ihre Hand im Spiel gehabt haben. Das würde sich ganz gut in das Bild einpassen, das die Einwanderungspolitik der russischen Regierung sonst darbietet. Es scheint, dass man dort versucht, sich ganz von fremden Arbeitskräften unabhängig zu machen, denn man ist auch gegen chinesische und koreanische Arbeiter sehr schroff mit Ausweisungen vorgegangen. Wie weit in jenen menschenarmen Gebieten solche Massnahmen durchführbar sind, und wie sich diese Verhältnisse in nächster Zeit gestalten werden, ist bei den wechselvollen Schicksalen jener Provinzen schwer vorauszusagen. Es liegt nahe anzunehmen, dass die russische Regierung, die keinen Grund hat, sich mit Japan von neuem zu verfeinden, zwar den japanischen Auswanderern keine Hindernisse in den Weg legt, keinesfalls aber gestatten wird, dass sich irgendwo grössere geschlossene Ansiedlungen von Angehörigen einer Macht bilden, mit der sie noch vor wenigen Jahren einen so blutigen Krieg geführt hat.

Ein Rückblick über die Auswanderung nach den in der 2. Gruppe (Seite 114—124) zusammengefassten Länder zeigt, dass sie sich mit der nach Nordamerika nicht vergleichen lässt. Hier handelte es sich um ein grosses Gebiet mit hohen Löhnen und lebhaftem Arbeiterbedarf, der es ermöglicht, dass geschlossene Massen mittelloser und garnicht vorgebildeter japanischer Arbeiter hingebracht werden, nicht nur ein reichliches Auskommen, sondern auch Gelegenheit zu raschem wirtschaftlichen Aufsteigen finden, ein Gebiet, das zugleich eine Schule westländischer Kultur darstellt und die Heimkehrenden mit erweiterten Kenntnissen und Erfahrungen entlässt. Die übrigen Länder des Stillen Ozeans dagegen bieten, soweit sie überhaupt der japanischen Einwanderung offen sind, zwar zum Teil nicht ungünstige Aussichten, aber meist keinen hohen Lohn und keine Gelegenheit zu raschem Aufsteigen. Es bedarf schwerer Arbeit und langjähriger Bemühungen, um zum Erfolg zu gelangen, und dieser ist nur dem in Aussicht gestellt, der wirklich ein Bürger des neuen Landes zu werden und für seine Segnungen auch die Lasten mitzutragen bereit ist, die ein junges Staatswesen dem Kolonisten auflegt. Grössere geschlossene Ansiedlungen sind in Südamerika und auf einigen andern Gebieten nicht unmöglich. Aber sie verlangen namhafte Aufwendung von Mühe und etwas Kapital, dann aber auch Vorbildung, und es ist wenig Gelegenheit geboten, sich alles dies im neuen Lande selbst, am allerwenigsten aber in kurzer Zeit zu erwerben. Die Erfolge, die in Aussicht stehen, sind bescheiden bis gut. Auch für den Kaufmann ist ein weites Feld gesteckt, aber er muss gleichfalls Geld und Kenntnisse mitbringen und nicht darauf ausgehen, in wenigen Jahren sem Glück zu machen. Dies alles hat bisher nur eine kleine Schar von Japanern angezogen und unter ihnen sind die Angehörigen der nichtqualifizierten Berufe, die Kontraktarbeiter noch eine ansehnliche Mehrheit. Die vorhandenen Erfolge scheinen im Heimatland wenig Eindruck gemacht zu haben, und man sucht weiter nach einem Ersatz für Hawaii, statt die gebotene Gelegenheit zu ergreifen. Es scheint, dass der Wettbewerb unter gleichen Bedingungen, wie er in den Gebieten der 2. Gruppe den Japanern angeboten ist, ihnen keine genügende Bürgschaft des Gelingens für ihre Auswanderer bietet, uud so liegt es nahe, sich nach den Schicksalen ihrer Ansiedler in den eigenen Kolonien umzusehen, wo sie ja zugleich die Herren des Landes sind.

Die Auswanderung nach den japanischen Kolonien. Die älteste japanische Kolonie ist der *Hokkaidō*, der heutzutage zwar als ein Teil des Hauptlandes gilt, der aber noch durch seine schwache Besiedlung und durch seine Verwaltungseinrichtungen einen besonderen Charakter erhält, der mich nötigt, ihn hier im Zusammenhang mit den übrigen Kolonien zu erwähnen. Er ist gegenwärtig das Hauptgebiet der japanischen Kolonisation, das einzige, auf dem grössere Erfolge aufzuweisen sind.

Eine genauere Schilderung seiner Verhältnisse darf ich mir hier ersparen, da bereits ein kleines Buch von *K. Takaoka* über ihn in deutscher Sprache vorliegt, das sich mit der Frage seiner Besiedlung beschäftigt.[1] Dieses Gebiet, das etwa 1/4 des ganzen japanischen Hauptlandes ausmacht und etwa zweimal so gross wie Holland ist, ist noch ausserordentlich schwach besiedelt: es kommen beiläufig 12 Einwohner auf das km² gegenüber einem

---

1) *Dr. K. Takaoka.* Die innere Kolonisation Japans. Leipzig 1904; Band XXIII, Heft 3 der von *Schmoller* und *Sering* herausgegebenen „Staats- und sozialwissenschaftlichen Forschungen". Der Titel verspricht zu viel, denn das Buch bezieht sich nur auf den Hokkaidō und berührt gar nicht die Frage, was sonst an kolonisatorischen Leistungen in Japan ausgeführt wurde oder auszuführen wäre. Auch ist das Buch ersichtlich für das Ausland geschrieben.

Vergleiche auch eine von der Provinzialregierung in Hakodate 1910 herausgegebene Geschichte der Ansiedlung im Hokkaidō, (japanisch) die allerdings etwas rosig gefärbt zu sein scheint.

Durchschnitt von 130 für das ganze japanische Hauptland und dabei reicht die planmässige Besiedlung der Insel schon weit vor die Meiji Aera zurück. Sie wurde aber erst von einem verhältnismässig späten Zeitpunkt an erfolgreich, da früher die Interessen der Landesverteidigung mehr betont worden waren als die der Besiedlung und auch der mangelhafte Verkehr zu grosse Schwierigkeiten geboten hatte. Charakteristisch für die ganze Kolonisationstätigkeit der Regierung, die durch die verschiedensten Organe, am erfolgreichsten aber durch eine Art Kolonialregierung betrieben wurde, die heute noch besteht, ist, dass es sich fast durchwegs um Ansiedler handelte, die von der Regierung geworben und festgehalten werden müssen. Der freiwillige Zuzug scheint ganz ungenügend zu sein und vielleicht auch nicht immer das gewünschte Menschenmaterial zu bringen. Auch sind die Zuzügler wenig sesshaft, so dass nicht selten, wenn eine Aenderung in der Kolonisationspolitik eintrat, die Einwanderer wieder fortzogen.

Auch gegenwärtig wird die Einwanderung sehr ermutigt, die Einwanderer erhalten grosse Fahrterleichterungen, Preisermässigungen, es gibt verschiedene Auskunftsstellen für Auswanderer nach Hokkaidō in den wichtigsten Hafenplätzen Japans, Vorsorge für die neuankommenden Ansiedler usw. Das verfügbare Land wird nach den im Gesetz vom 15. IV. 1908 (bis dahin galt das von 1897) festgelegten Grundsätzen an die Ansiedler aufgeteilt. Das noch nicht urbar gemachte Land wird zunächst pacht- oder leihweise ausgegeben und ist 10 Jahre von der Beendigung der Kulturarbeit angefangen steuerfrei. Es ist vorgesehen, dass das vergebene Land auch wirklich landwirtschaftlich nutzbar gemacht und nicht etwa zu Spekulationen benutzt wird. Für die Verteilung der Ländereien sind Grössen-Maxima festgelegt, die von 500–800 cho schwanken. Früher, als es kein Maximum gab, wurden manchmal ganz grosse Ländereien an einzelne ausgegeben, und die Folge hiervon war, dass von den 1886–1895 vergebenen Landstellen 32% über 100000 tsubo (d. i. 33.05 ha) waren, was *Takaoka* angesichts der landwirtschaftlichen Verhältnisse Japans für einen Missbrauch erklärt. Er hält auch die jetzt geschaffenen Grössen-Maxima für zu reichlich, da nach seiner Ansicht ein Gut von 50 ha in Hokkaidō schon als Grossbetrieb zu bezeichnen sei. Die grösseren Lose geben ihren Eignern nur die Möglichkeit, sie weiterzuverpachten, und das sei entschieden weniger zuträglich, als wenn es zahlreiche Eigenwirte auf den Inseln gebe.

Die Erfolge der Kolonisationstätigkeit sind immerhin als recht befriedigend zu bezeichnen. Seit 1886, der Zeit, wo das gegenwärtige Regierungssystem eingeführt wurde, sind rund 1 Million ha Land an 201703 Ansiedler vergeben worden. Davon wurden allerdings 23.3% zurückgegeben, was anscheinend zum Teil Schuld der Verwaltung ist. Nach den Berechnungen *Takaokas* strömten von 1869–1901 696204 Ansiedler ins Land. Die Zahl der Rückwanderer ist nicht für den ganzen Zeitraum bekannt, doch ist sie nicht unerheblich und dürfte rund 1/6 der Eingewanderten betragen. Die Statistik gibt über diese Erscheinungen wenig Auskunft, ebenso wie bei der Auswanderung nach dem Ausland. Den grössten Teil der Einwanderer bilden Landwirte und Fischer, und natürlich wandern mehr Männer als Frauen ein. Dass unter den Rückwanderern der Anteil der Landwirte ein geringer ist, ist selbstverständlich und auch, dass die Frauen, die ja meistens mit ihren Familien auswandern, sesshafter sind als die Männer. Die Ansiedler rekrutieren sich in erster Linie aus den dem Hokkaidō zunächst gelegenen Landesteilen, die selbst wieder nicht allzustark besiedelt sind und dadurch für Nachrückende wieder Raum gewinnen. Für die letzten Jahre weist die Statistik folgende Zahlen aus:[1]

TABELLE XXIX.

	Einwanderung nach dem Hokkaidō	Auswanderung aus dem Hokkaidō	Es blieben also mehr
1903	44942	8738	36204
1904	50111	9027	41084
1905	58224	10395	47829
1906	66793	10092	56701
1907	79737	13457	66280
1908	80578	15578	65000
1909	63848	13799	50049
1910	58905	13725	44980

1) Rés. stat. du Japon 1911. S. 30; die Zahlen für 1910 aus amtl. Quellen (mündl. Mitteilung).

Der Zuwachs ist also Veränderungen unterworfen, und der Prozentsatz der Rückwanderung noch beträchtlich hoch ; es bleibt abzuwarten, ob es nicht gelingen wird, ihre anscheinend unbekannten Ursachen zu bekämpfen.

Takaoka berechnet im Jahre 1904, dass die Regierung noch 2.24 Millionen Hektar zu vergeben hatte, und dass der Hokkaidō überhaupt 4 Millionen Menschen zu fassen imstande sei, so dass bei dem Fortdauern der gegenwärtigen Zustände in 33 Jahren, also 1937, die höchste Grenze der Besiedlungsfähigkeit erreicht sein müsse. Dann würde allerdings der Hokkaidō noch längst nicht dieselbe Bevölkerungsdichte aufweisen wie das übrige Japan, denn wollte man diese erreichen, so müsste man ihn mit mehr als 9 Millionen Menschen anfüllen. Regierungskreise rechnen angeblich mit einer Aufnahmsfähigkeit des Landes von 6 Millionen Einwohnern, so dass *Takaoka* vielleicht etwas zu tief gegriffen hat. Da der Hokkaidō im Jahre 1908 1.45 Mill. Einwohner aufwies, so wären selbst nach *Takaoka* noch immer 2.55 Millionen dort unterzubringen, und es bleibt fraglich, ob tatsächlich jedes Jahr 50000 neue Ansiedler ins Land kommen werden, und die ansässige Bevölkerung sich durch Geburtenüberschuss jährlich um 1.79% vermehrt, Angaben, die *Takaoka* zur Grundlage seiner Berechnung gemacht hat.[1] Jedenfalls besitzt Japan in seinem Niederlassungsbereich noch ein weites und aufnahmefähiges Feld für seine überschüssige Bevölkerung in den nächsten Jahrzehnten.

Anstossend an diese älteste Kolonie Japans, den Hokkaidō, liegt seine zweitjüngste, *Sachalin*, das seit dem Kriege mit Russland bis zum 50° zu Japan gehört. Es hat eine Ausdehnung von 2,208.92 ri^{2}[2] und ist beinahe so gross wie Formosa. Die Insel hat reichen Wald- und Kohlenbestand und liefert Fischern eine gute Ausbeute. Des Klimas wegen ist die Landwirtschaft nicht so aussichtsreich wie auf dem Hauptland, doch bietet die Forstwirtschaft im Winter genügend Beschäftigung.

Das Land war bei der Uebernahme in japanische Verwaltung so gut wie unbekannt und fast gar nicht besiedelt, so dass

---

[1] Nach einer Ermittlung der Polizei in Hokkaidō soll der Geburtenüberschuss zwischen 1902 und 1908 sogar 1.9% im Jahr gewesen sein. Im Kolonialamt zu Tokyo rechnet man übrigens auch nur mit einer Aufnahmefähigkeit von 4 Mill Menschen im ganzen.

[2] Finanzielles und wirtschaftliches Jahrbuch von Japan 1911. 1 ri^{2}=15.42347 km^{2}.

die Kolonialbehörde zunächst an die Aufnahme des Landes schreiten musste.[1] Die Untersuchungen sind noch nicht abgeschlossen.

Man ging sofort daran, das Land zu besiedeln, und beabsichtigt, jährlich 100–500 Familien ansässig zu machen. Die Familien bekommen unentgeltlich Land angewiesen, und zwar 1000 tsubo (= 33.057 a) per Familie in der Stadt und das fünffache auf dem Lande, wenn es zum Ackerbau, das 50 fache, wenn es nur zur Viehzucht geeignet ist. Das Land wird nicht in Pacht, sondern als Eigentum ausgegeben. Den Ansiedlern wird eine Reihe von Vergünstigungen erteilt: 30–50% Nachlass auf den Bahnen und Schiffen zur Zuwanderung, Freifahrt auf den Bahnen in Sachalin unentgeltliche Austeilung von Saatgetreide, leihweise Ueberlassung von Vieh (für jede Familie 1 Pferd, 1 Schwein, 1 Ochse), das nach 5 (2) Jahren zurückgestellt bezw. durch anderes ersetzt werden muss, Bargeld für die Aufführung eines Hauses, Unterstützung der Viehzucht, Unterstützung beim Ankauf landwirtschaftlicher Maschinen.

Das Ergebnis der Ansiedlung ist bisher folgendes:

TABELLE XXX.

	Neu zugewanderte Familien.	Bis zum Ende des Jahres waren zugewandert.	Am Ende des Jahres waren noch anwesend:
1906	365	—	
1907	433	798	794
1908	116	914	830
1909	101	1015	866
1910	138	1153	1065

Diese Zahlen stimmen nicht mit den im (jap.) statistischen Jahrbuch von 1910 (Seite 1040) veröffentlichten, wo für das Jahr 1909: 2382 zugewanderte und 1549 fortgewanderte Familien ausgewiesen sind. Die Unterschiede sind allerdings bedenklich.

Nach den Angaben des Kolonialamtes waren im Jahre 1909

1) Die Angaben über Sachalin sind meist dem entsprechenden Kapitel aus einer Denkschrift entnommen, die das Kolonialamt in Tokyo (1910?) über die „japanische Auswanderung nach den japanischen Kolonien" herausgab.

1187,8 cho, das sind fast ebensoviel Hektar, von Einwanderern bestellt. Diese haben zunächst ein anstrengendes Leben zu führen, doch verspricht man sich eine baldige Besserung ihrer Lage, wenn erst das Anfangsstadium überwunden ist. Das jährliche Einkommen einer landwirtschaftlich tätigen Familie wird auf 200–250 Yen beziffert. Die Löhne der Arbeiter sollen recht günstig sein, auch die gesundheitlichen Zustände werden gelobt. Die Forstwirtschaft soll sehr aussichtsreich sein, und man sieht einen grossen Bedarf an Arbeitskräften für diese und die damit in Verbindung stehende Industrie voraus, deren Entwicklung aber noch nicht in Angriff genommen ist. Auch die Fischerei soll erfolgversprechend sein. An der Westküste sind bereits 2 Abschnitte verpachtet, die das Beste hoffen lassen. Bis jetzt zählt der Bericht 3540 Fischer auf Sachalin.

Soweit sich aus den bisher zur Verfügung stehenden dürftigen Angaben ein Schluss ziehen lässt, ist es der, dass hier ein stattliches Gebiet mit vielversprechenden Hilfsquellen zu erschliessen ist, das voraussichtlich eine grosse Anzahl von Japanern beherbergen kann. Bis 1910 zählte die Kolonie rund 31000 Einwohner.[1] Beinahe die Hälfte der Einwanderer scheint aus dem Hokkaidō zu kommen, der sicherlich einen guten Uebergang bildet. Die geringe Sesshaftigkeit der Einwanderer ist hier noch viel auffallender als bei den andern Kolonien, und es wäre interessant zu wissen, worauf diese Erscheinung zurückzuführen ist. Leider fehlt es auch zur Beantwortung dieser Frage an Material.

Bis 1911 hat die Landesvermessung 150000 cho bebaubare Fläche ergeben, von denen jeder Ansiedlerfamilie 7.5 cho zugeteilt werden, so dass man 20000 Familien, also etwa 80000 Menschen darauf ansässig machen kann. Rechnet man dazu ebensoviel Gewerbtreibende, Händler u. Angehörige freier Berufe, so gibt das eine Besiedlungsfähigkeit des Landes von 160000 Menschen auf dem vorläufig untersuchten Gebiet.[2] Nach der zitierten Denkschrift von 1910 war übrigens die bebaubare Fläche grösser. Dazu kamen noch 90 cho Kohlenfelder.. 150000 cho bebaubare Fläche stellen nur etwa 1/20 der Oberfläche der Kolonie dar. Es ist anzunehmen, dass weitere Landvermessungen noch eine grössere Bebauungsfähigkeit und damit Besiedlungsfähigkeit ergeben werden.

---

1) Mündl. Mitteilung im Kolonialamt.
2) " " " "

Ganz andere Verhältnisse zeigt die Kolonie *Formosa* (japanisch: Taiwan), die heute den südlichsten Teil des japanischen Inselreiches bildet. Es gehört seit 1895, dem Frieden von Shimonoseki, zu Japan, und dieses hat also nur wenig Zeit gehabt, um dort seine kolonisatorischen Fähigkeiten zu erweisen. Bekanntlich ist es ihm trotzdem bereits geglückt und ein weiteres Kennzeichen seiner fähigen Verwaltung ist, dass es bereits eine Volkszählung durchgeführt hat und über Material verfügt, wie es leider noch nicht einmal auf dem Hauptlande zu haben ist.[1]

Die Insel hatte zur Zeit der Volkszählung im Jahre 1905 eine Bevölkerung von 3039751 Einwohnern, wobei die wilden Eingeborenen-Stämme nicht mitgezählt sind. Diese bewohnen die Gebirgsgegend, die das Innere der Insel bildet. Die übrige Einwohnerschaft zerfällt in Formosaner, meist Chinesen und friedlich gemachte Eingeborenenstämme, in Japaner und Fremde, die meist wieder Chinesen sind. Die japanische Statistik weist für das Jahr 1907 die folgende Zusammensetzung der Bevölkerung auf:[2]

Japaner	77925
friedliche Eingeborene	3019402
wilde Eingeborene	115245
Fremde	11396
zusammen	3,223968.

Das entspricht einer Bevölkerungsdichte von etwa 90 Menschen auf das km² d. i. etwas weniger als im nördlichen Honshū. Naeh europäischem Massstab wäre das eine ziemlich dichte Besiedlung, aber *Takekoshi* weist darauf hin, dass Kiushu, das beinahe dieselbe Flächenausdehnung hat, eine Bevölkerung von 6.5 Millionen Menschen ernährt, und dass man auch für Formosa, das noch wenig gewerbliches und städtisches Leben zeigt, eine ähnliche Bevölkerungsdichte erhoffen kann. Jedenfalls besteht vorderhand ein starker Bedarf für Arbeitskräfte und landwirtschaftliche Siedler, und die natürliche Vermehrung der einheimi-

1) *The special population census of Formosa 1905.* Report of the Committee of the Formosa special census investigation. Tokyo 1909. Ueber Formosa geben auch Auskunft die bereits zitierte Denkschrift des Kolonialamtes in Tokyo und das ins Englische übersetzte Buch des Abgeordneten *Y. Takekoshi*, Japanese rule in Formosa. London 1907.

2) Rés. stat. du Japon 1910. I. tableau 19.

schen Bevölkerung geschieht so langsam, dass ein Zuzug von aussen doppelt wünschenswert ist.

Es kommen auch jährlich viele Japaner nach der Kolonie herüber, aber da viele wieder abgehen, ist die Zunahme der japanischen Bevölkerung eine bescheidene. Die Zahlen über diese Bevölkerungsbewegung sind die folgenden: [1]

TABELLE XXXI.

	Einwanderung von Japanern nach Formosa	Rückwanderung	Mehr eingewandert als ausgewandert.
1898	13214	3078	10136
1899	20743	7903	12840
1900	20995	11291	9704
1901	17841	14054	3787
1902	13821	11478	2343
1903	15892	13149	2743
1904	11564	12155	– 591
1905	13427	12190	1227
1906	18278	12391	5887
1907	17966	14223	3743
1908	20360	14393	5967

Die geringe Sesshaftigkeit der japanischen Einwanderer erklärt sich zum Teil aus den Berufen, denen sie angehören; der Bericht der Volkszählungskommission verzeichnet sie zu 39.7% als Angehörige der freien Berufe (einschliesslich öffentliche Dienste), 31.10% von Handel und Verkehr, 22.5% von Gewerbe. Auf Landwirtschaft, Forstwirtschaft und Fischerei entfielen nur 1.4%. Auch der verhältnismässig geringe Anteil der Frauen an der Einwanderung (39%) beweist, dass es sich meist um Ansiedler von grosser Beweglichkeit handelt. Diese Verhältnisse, die allerdings von keiner Kolonialregierung als

[1] Die Zahlen von 1898–1904 nach dem Bericht über die Volkszählung Seite 153, die übrigen nach dem japanischen statistischen Jahrbuch 1910. Seite 987.

erfreulich bezeichnet werden können, haben anscheinend das Gouvernement von Formosa dazu bestimmt, die Einwanderung zu beeinflussen und die Sesshaftmachung erwünschter Elemente in die Hand zu nehmen.

Nach den Angaben des Kolonialamtes kamen die ersten Einwanderer, die vom Gouvernement geführt wurden, 1906 an und wurden in Taichu und Daito als Landwirte angesiedelt. Nach 1908 nahm die Einwanderung zu. Die Einwanderung wurde zunächst durch Privatagenten bewerkstelligt, dann aber übernahm die Regierung das Geschäft selbst und verwendet jetzt jährlich 30000 Yen dafür. Im übrigen liess es sich die Regierung aber angelegen sein, jede Einwanderung zu fördern. Sie unternahm 1909 eine Untersuchung der Insel, um passende Stellen für Ansiedler ausfindig zu machen, erliess ein eigenes Einwanderungsgesetz und schuf neben andern Vorbereitungen im Jahre 1910 eine eigene Behörde, der für das genannte Jahr 79755 Yen für ihren Zweck zur Verfügung stehen.

Es sind zwei Ansiedlungsgebiete bereitgestellt, eines im Osten und ein kleineres im Westen der Insel, die zusammen 536.84 km^2 gross sind.[1] Man rechnet, dass auf dem ersten rund 13000, auf dem zweiten rund 7000 Familien untergebracht werden können. Das wären zusammen etwa 100000 Menschen.[2] Es scheint, dass man bisher mit den von der Regierung besorgten Einwanderern sehr zufrieden war, jedenfalls viel mehr als mit den von privaten Agenten herübergebrachten: sie kommen alle mit Familien, sind erfahrene Landwirte, gesund und fleissig und geben zu Klagen keinerlei Anlass. Sie sind auch recht sesshaft und erfüllen so die auf sie gesetzten Hoffnungen. Ueber die von den privaten Agenten gebrachten Einwanderer ist das Urteil nicht so gut, insbesondere wird über ihre Auswahl und ihren Mangel an Sesshaftigkeit geklagt. Die Einwanderungsgesellschaften scheinen sich auch das Wohl ihrer Kunden wenig angelegen sein zu lassen. Nur 2 von ihnen gewähren ihnen Unterstützungen für Reise und Ansiedlung, aber sie können es mit den Massnahmen der Regierung für die von ihr besorgten Einwanderer nicht aufnehmen. Diesen geht es viel besser: sie haben eine grosse Zahl von Erleichterungen und Begünstigungen bei der Reise und der Ansiedlung, geniessen Steuernachlass

1) Private Mitteilung aus dem Kolonialamt Tokio.

2) Denkschrift des Kolonialamtes.

oder Befreiungen, erhalten Land, Häuser, Vieh, Maschinen billig oder umsonst und verfügen auch über fast unentgeltliche Krankenpflege.

Die gesundheitlichen Verhältnisse werden abgesehen von der Malaria als ziemlich gut geschildert, und es ist bekannt, dass die Regierung der Insel sich grosse Verdienste um ihre Befreiung von Krankheiten aller Art gemacht hat. Inzwischen hat auch das gewerbliche Leben der Kolonie einen grossen Aufschwung genommen, und es lässt sich erwarten, dass ausser den 100000 Landwirten, die vorderhand angesiedelt werden sollen, auch zahlreiche gewerbliche Arbeiter Beschäftigung finden werden. Die eingeborenen Formosaner dürften allerdings zunächst den Arbeiterbedarf noch decken können, aber da schon jetzt bei noch wenig entwickelten wirtschaftlichen Zuständen eine verhältnismässig so grosse Anzahl von Menschen ihren Unterhalt auf der Insel findet, so wird vermutlich die Aufnahmefähigkeit in kommenden Jahren noch bedeutend zunehmen.

Korea und die *Mandschurei* sind die Gebiete, die als Auswanderungsziel am meisten genannt sind und die auch eine zeitlang offiziell als die Länder bezeichnet wurden, die den ganzen Ueberschuss der japanischen Bevölkerung an sich ziehen sollten. Von diesen Plänen ist es zwar inzwischen still geworden, und es scheint auch, als ob man sich mit Bezug auf die Mandschurei übertriebenen Hoffnungen hingegeben hätte, aber es ist nicht einzusehen, warum Korea als Gegenstand von Besiedlungsplänen nicht mehr in Frage kommen sollte.

Es handelt sich hier um eine Fläche, die beinahe so gross ist wie die von Honshū, die aber nicht wie diese 165, sondern nur etwa 62 Einwohner auf 1 km^2 aufweist. Die Angaben über Korea sind noch ziemlich dürftig oder ungenau. Der Flächeninhalt ist noch nicht genau bekannt und erst seit kurzem weiss man, dass die einheimische Bevölkerung etwa 13 Millionen Menschen beträgt. Eine Jahrhunderte lange, traurige Geschichte hat es mit sich gebracht, dass das Land heute arm, und seine wirtschaftlichen Verhältnisse sehr betrüblich sind. Einer der Hauptübelstände ist die völlige Entwaldung der zahlreichen Gebirge, die eine stete Ueberschwemmungsgefahr für die Felder der Halbinsel bedeutet. Es liegt viel Land brach, das landwirtschaftlich nutzbar gemacht werden könnte, und obwohl die Koreaner viel natürliche Anlagen zur Landwirtschaft zu haben scheinen, so sind doch auch die Ergebnisse ihres oft sehr primitiv betriebenen Feldbaus wenig befriedigend.

Obwohl die Landesaufnahme erst in 5 Jahren beendigt sein wird, weiss man doch schon, dass i. J. 1911 die bebaute Fläche 2398840 cho, die unbebaute 1185121 cho betrug. Da die letztere nicht ohne grössere Auslagen der Landwirtschaft nutzbar gemacht werden kann, und der Generalgouverneur Graf Terauchi dazu auch keine Lust zu haben scheint, so kommen nur die 2.3 Mill. bebauter Fläche in Betracht, von der man annimmt, dass sie bei besserer Bewirtschaftung zu 10 v. H. noch mit Japanern besiedelt werden kann, wenn eine entsprechende Zusammenlegung vorausgeht. Da für eine Familie 2 cho benötigt werden, so könnte man auf diese Weise 115000 Familien=460000 Menschen ansässig machen. Später kann man dann auf der bisher unbebauten Fläche 2.2 Mill. Menschen ansiedeln, so dass bloss an ländlicher Bevölkerung 2660000 Menschen in Korea untergebracht werden können.[1]

Bis zum Krieg soll es nicht mehr als 40–50000 Japaner in Korea gegeben haben, die meist in den offenen Häfen lebten und inmitten einer ihnen feindlich gesinnten Bevölkerung Handel trieben. Der Krieg brachte natürlich viel Einwanderer, die im Gefolge der Armee kamen, und als das Land endgültig an Japan fiel, d. h. als Protektorat erklärt worden war, kamen noch mehr Japaner vom Hauptland herüber, die aber durchaus nicht immer sesshaft waren. Es handelte sich zu einem grossen Teil um unruhige Elemente, die hin- und herfluteten. Zahlen über diese Bewegung sind mir leider nicht zugänglich gewesen. Nach dem Japan Yearbook sollen sich in Korea aufgehalten haben

1906	Dezember	83315	
1907	Juni	91223	
1907	Dezember	98001	
1908	Juni	114664	
1908	Dezember	126168	
1909	Juni	140917	
1909	Dezember	145734	Japaner.

Die Zahlen scheinen beiläufig zu stimmen, denn auch der 3. Annual report on reforms and progress in Korea (1908–10).[2] weist für Ende Dezember 1909: 146147 Japaner aus. Obwohl

1) Mündliche Mitteilungen im Tokioer Kolonialamt.

2) Soeul, 1910; Seite 16.

also so viel unstete Elemente mitgekommen sind, ist doch die Zunahme eine ziemlich starke, und zwar haben die Frauen stärker zugenommen als die Männer, was auf grössere Sesshaftigkeit schliessen lässt. Die Einwanderer in Korea stammen zumeist aus Tsushima und aus den nahe gelegenen westlichen und südlichen Provinzen Japans. Aber es fehlte auch an Einwanderern aus den Stadtkreisen nicht; wahrscheinlich befanden sich unter ihnen gerade die unerwünschtesten. Die Klagen über die wenig zufriedenstellende moralische und wirtschaftliche Beschaffenheit der Zugewanderten in Korea wurden so oft und von so verschiedenen Seiten erhoben, dass sie wohl begründet zu sein scheinen. Meist wird versichert, es handle sich um Abenteurer, städtisches Gesindel, das erwartete, in der neuen, leicht erreichbaren Kolonie ein aussichtsreiches Feld für lichtscheue Operationen aller Art zu finden, das glaubt, der Krieg sei nur geführt worden, um ihnen das Recht auf Ausbeutung und Betrügerei unter den Eingeborenen zu verschaffen, und das daher den Ruf der neuen Herren in Korea auf das ärgste blosstellte. Diese Klagen sind so allgemein, dass ich sie durch einzelne Beispiele eher zu entkräften als zu belegen fürchte. Ich lasse daher nur einen Zeugen zu Worte kommen, der gewiss unverdächtig ist und der dem eben Gesagten noch etwas neues hinzufügt, *H. N. Allen*, der als Arzt und amerikanischer Gesandter 21 Jahre in Korea gelebt hat; er sagt:[1] „......Japanese immigrants seem to think, that as they represent the allconquering people who drove the enemy from Korea, the natives owe them profound gratitude, which should be shown in the surrender of property as well as in the observance of a most obsequious and servile manner...... Now I am fully persuaded, that the Government of Japan would wish this to be otherwise. They want the Koreans to have as good a chance as is possible, consistent with the due development of the Japanese interests in that land......";[2] und sicher hat die Regierung auch alles Mögliche getan, um Missbräuchen von Seiten ihrer Landsleute einen Riegel vorzuschieben, ja seit neuestem kann man sogar in Japan Klagen darüber hören, dass die energische Hand des General-Gouverneurs, des Grafen Terauchi, zu fest zugreife, wenn es gelte, Uebelstände dieser Art ab-

---

1) *Blakeslee, George H.* a. o. China and the Far East. Clark university lectures. New York 1910. Darin: *Allen.* The awakening of Korea; Seite 386/88.

2) Aehnlich *W. E. Griffis*, Korea, The Hermit Nation. New York. 8. ed. 1907 S. 499.

zustellen. Diesem Zugreifen und dem natürlichen Eintreten der Reaktion gegen das „Korea-Fieber,“ das so manchen unruhigen Kopf nach dem Krieg erfasst hat, ist es wohl auch zuzuschreiben, dass in letzter Zeit die Klagen nachgelassen haben. Selbstverständlich sind auch die Möglichkeiten für Uebergriffe und Betrügereien gegenüber den Eingeborenen geringer, sobald die Zahl der anständigen Ansiedler zunimmt, und vor allem, sobald der Apparat der Verwaltung und Rechtspflege sich vervollkommnet. Und man muss der japanischen Verwaltung in Korea die Anerkennung zollen, dass sie tatsächlich bestrebt ist, das Beste zu leisten, und schöne Erfolge aufzuweisen hat.

Die Beschäftigung der Japaner in Korea ist nicht leicht zahlenmässig festzustellen, da es wiederum an Angaben hierüber fehlt. Zu einem grossen Teil leben sie noch in den geschlossenen Niederlassungen in den Häfen: Fusan, Tschimulpo, Mokpo, Wonsan u. s. w. und auch in Seoul wohnen sie noch meist zusammen in einem besondern Viertel mit eigener Munizipalverwaltung. Wer aus den schmutzigen, verwahrlosten und ärmlich aussehenden Gassen mit ausschliesslich koreanischen Bewohnern in die japanischen Stadtviertel tritt und dort die saubern nettgehaltenen Häuser wiederfindet, wie sie in den besseren Strassen der japanischen Städte zu sehen sind, wer das rege Leben in diesen Strassen, die zahlreichen Geschäfte, reicheren Vorräte sieht, der kann nicht im Zweifel darüber bleiben, dass es, wenn auch nicht allen Japanern, so doch vielen von ihnen in Korea recht gut gehen muss. Diese Vermutung wird auch bestärkt, wenn man den verhältnismässig grossen Aufwand sieht, der in Unterhaltung und Luxus aufgeht und wieder einer grossen Reihe von japanischen Wirten und dergl. Unterhalt gibt. Natürlich sieht man daneben auch viele Japaner, denen es anscheinend nicht leicht wird, ihren Lebensunterhalt zu verdienen, aber bis zu einem gewissen Grade hält doch die politische Vorzugsstellung, die der Japaner heute in Korea geniesst, diese Leute über Wasser.

Die Löhne für japanische Arbeitskräfte sind in Korea durchwegs höher als die für einheimische, und der Unterschied beträgt manchmal mehr als 100%. Da fortwährend Bauten aufgeführt, Bahnen gebaut, öffentliche Arbeiten aller Art betrieben werden, da mehr und mehr Kapital im Lande investiert wird und allerhand gewerbliche Unternehmungen ins Leben ruft, so gibt das einer Reihe von höher qualifizierten Arbeitskräften Beschäftigung, ganz abgesehen davon, dass auch der Bedarf für

Verwaltungsbeamte, Soldaten und Bahnbeamte, der meist importiert werden muss, einer stattlichen Schar von Händlern und Gewerbetreibenden Unterhalt gibt. Der auswärtige Handel, der sich von 1903 bis 1909 von 27.7 Millionen auf 52.9 Millionen gehoben hat, liegt fast ganz in den Händen der Japaner, wenn auch der Anteil des japanischen Handels am Gesamt-Aussenhandel um einige Prozente heruntergegangen ist.

Neben diese Berufe, die sich meist auf die Verkehrszentren beschränken, sind in neuer Zeit auch landwirtschaftliche Ansiedler getreten, deren Zahl und wirtschaftliche Erfolge natürlich von der grössten Wichtigkeit für die Zukunft der japanischen Kolonisationsarbeit sind. Der langsame und bedächtige Gang, den die Entwicklung der japanischen Landwirtschaft in Korea genommen hat, lässt hoffen, dass es sich um ein gesundes Fortschreiten handelt, dem grosse Rückschläge erspart bleiben dürften. 1909 gab es 80538 cho im Werte von 8,3 Mill. Yen in japanischem Besitz, die sich auf 728 Eigentümer verteilten (1910 : 86952 cho). Die Erfolge der Bebauung sollen sehr gut sein und rechnungsmässig eine Verzinsung des angelegten Kapitals von etwa 10–12% ergeben.[1] Im Jahre 1908 gründete die japanische Regierung zusammen mit der damals noch bestehenden koreanischen ein grosses Kolonisationsunternehmen, die Toa Takushoku Kaisha (Oriental Development Co.) mit einem Kapital von 10 Millionen Yen, das z. T. durch eingebrachte Grundwerte der koreanischen Regierung eingezahlt wurde. Es ist vorgesehen, dass die Gesellschaft Pfandbriefe begeben und die ersten 8 Jahre ihres Bestehens auf die Geldbeihilfe der Regierung rechnen kann. Die Gesellschaft soll durch Erwerbung und Besiedlung von Land, durch dessen Urbarmachung und Darlehen an Landwirte die Landwirtschaft in Korea fördern, und hat sich bereits daran gemacht, ihre Aufgabe zu erfüllen. Allerdings hört man in der japanischen Presse, die alles noch besser weiss als ihre Kolleginnen im Auslande, bereits Klagen über schleppenden Geschäftsgang und zu grosse Bedächtigkeit. Auch in der Parlamentssession 1911–12 wurden heftige Anklagen in gleichen Sinne erhoben, sowie Unredlichkeiten in der Geschäftsgebahrung behauptet. Die Regierungsvertreter aus dem Kolonialamt wiesen den letzteren Vorwurf zurück und erklärten auch, dass man mit der Besiedelung nicht so rasch vorgehen könne, weil man das Land in kleinen Parzellen kaufen müsse und erst

[1] Mündl. Mitteilung.

für Verbesserung des Landbaus unter den Koreanern Sorge tragen müsse, damit sie auf der ihnen verbleibenden Fläche soviel erzielen können, wie bisher. 1911 wollte die Takushoku Kaisha 1000 Familien nach Korea schaffen, fand aber nur 560, die geeignet waren. 1912 hofft sie 1000 Familien ansiedeln zu können.[1] Die Gesellschaft hat bisher recht hübsche finanzielle Erfolge erzielt und könnte sogar noch höhere Dividenden zahlen als 6% und 6 1/2%, wie sie dies bis jetzt tat, doch will sie Fonds ansammeln und noch nicht der Regierungszuschüsse verlustig werden, die ihr zufliessen, solange sie nicht 8% Dividende verteilt.

Ein Erwerbszweig, der gleichfalls vielen Japanern Nahrung zu geben verspricht, ist die Fischerei, die schon lange vor der Herrschaft Japans über Korea viele Japaner dorthin geführt hat. Sie soll sehr ergiebig sein, und es heisst sogar, dass die durchschnittliche Ausbeute für den einzelnen Fischer in koreanischen Gewässern 200 Yen betragen soll, während sie in japanischen Gewässern nur 43 erreicht. Die Japaner scheinen sich, wie aus den folgenden Zahlen hervorgeht, eine namhafte Stellung unter den Fischern Koreas gemacht zu haben. Nach dem letzten Jahrgang des Japan Yearbook gab es:

TABELLE XXXII.

	Fischerboote	Fischer	Mit einer Ausbeute im ganzen von Yen	Auf den Kopf Yen
Koreaner	12411	68520	3139100	45.8
Japaner	3898	16644	3418850	205.6
Zusammen	16309	85164	6557950	77.0

Auch hier also eröffnen sich japanischen Einwanderern gute Aussichten.

Zusammenfassend lässt sich sagen, dass Korea für Japan tatsächlich eine wertvolle Erwerbung bedeutet, und dass es eine grosse Menge von Zuwanderern aufzunehmen vermag, umsomehr, je besser sich die Wirtschaftslage gestaltet, und je mehr die japanische Kolonialverwaltung im Stande ist, die Bevölkerung, an der früher so viel gesündigt wurde, zu heben. Zahlenmässig

1) Mündliche Mitteilungen aus d. Kolonialamt.

lassen sich angesichts der dürftigen, bisher zur Verfügung stehenden Angaben die Aussichten der Japaner nicht ausdrücken, doch ist es wohl nicht zu viel gesagt, wenn ich annehme, dass Korea in Zukunft 3 und mehr Millionen Japaner aufzunehmen vermag.

Die *Mandschurei*, diese grosse chinesische Provinz, die etwa zweimal so gross ist als Oesterreich-Ungarn, gehört seit dem Frieden von Portsmouth in ihrem südlichen Teil zu Japan. Der südlichste Teil der Provinz bildet das sog. Kwantung-Gouvernement und steht unter der Regierung eines japanischen General-Gouverneurs, dem ein Zivil-Gouverneur beigegeben ist. Anschliessend an dieses Gebiet steht ein schmaler Streifen rechts und links von der südmandschurischen Bahn bis Changchung (Kwangtschentze) für die Dauer der Bahnkonzession unter japanischer Verwaltung, die von der Direktion der Bahn ausgeübt wird. Hinter den Grenzen des Kwantung Gebietes und der sogenannten Bahnzone liegt das weite, fruchtbare und noch menschenarme mandschurische Land, das von den gegenwärtigen Herrschern Chinas, der Dynastie der Mandschus, lange Zeit für die chinesische Einwanderung gesperrt war. Nach dem Taiping Aufstand und noch mehr nach der Aufhebung der Militärverwaltung im Jahre 1880 strömten aber doch Chinesen in das Land. Dem gleichzeitigen Vordrängen der Russen von Norden her wurde durch den russisch-japanischen Krieg ein Ende gemacht, und nach dem Friedenschluss verschwanden die Russen ziemlich rasch aus dem Grenzgebiet, in dem sie noch keinen festen Fuss gefasst hatten. An ihrer Stelle drangen die Japaner vor, und man musste eine zeitlang glauben, dass sie das ganze grosse Gebiet mit ihren angeblich unerschöpflichen Menschenmassen bevölkern würden.

Wie weit die Besiedlung der Mandschurei ausserhalb des Pachtgebietes an Japaner möglich sein würde, war damals noch eine offene Frage. Man hat den Eindruck, als ob es Japan zunächst versucht hätte, die ungeklärte Sachlage via facti zu klären und sich durch Vorschieben seiner Ansiedler ein Heimatsrecht auf dem in zwei blutigen Kriegen so heiss erkämpften Boden zu erwerben. Vielleicht lassen sich die wiederholten Zwischenfälle, in denen es sich stets um das Recht der Ansiedlung handelte, wie die von Chientao, Taolu und Hsinmintung in diesen Zusammenhang einreihen. Jedenfalls sieht es so aus, als ob die Hartnäckigkeit, mit der die Chinesen das Recht auf ihren Boden verteidigten, zum Ziele geführt und auch bei den Japanern Anerkennung gefunden hätte. Das Chientao-Uebereinkommen zwischen China und Japan vom 4. IX. 1909, das die strittigen Grenzfragen in der Hauptsache beilegt, ist vielleicht der Schlussstein dieser Entwicklung. Es mag aber noch etwas anderes zu diesem Zurückweichen veranlasst haben, nämlich die Ueberzeugung, dass die japanischen Ansiedler den Wettbewerb mit den chinesischen nicht aufnehmen können. 1908 bereiste der damalige Minister des Aeussern Graf (später Marquis) Komura die Mandschurei, lenkte dann 1909 und 1910 die allgemeine Aufmerksamkeit auf die Einwanderungsgebiete Korea und Mandschurei und erweckte den Anschein, als ob die Regierung sich zu einer Konzentrierung der gesamten japanischen Auswanderung nach diesen Ländern entschlossen hätte. Tatsächlich folgten dem Minister in den folgenden Jahren eine grosse Reihe von Sachverständigen und mit besonderen Aufträgen betrauten Beamten nach der Mandschurei, untersuchten sie auf ihre Eignung als Einwanderungsland, kamen aber alle zu dem Schluss, dass die japanischen Einwanderer dort keine Aussichten hätten, da es sich um ein Ackerbau-Land handle, in dem die Chinesen als genügsame und fleissige Arbeiter nicht aus dem Felde zu schlagen seien. Man hörte auch bald nichts mehr von dem sog. Konzentrationsplan des Grafen Komura, der allerdings nie wiederrufen wurde, dessen Beweggründe vielleicht auch nur in der äussern Politik Japans zu suchen sind (siehe oben Seite 63 ff.) Inzwischen waren die Chinesen nicht müssig geblieben und begannen bald ihre Einwanderung planmässig zu betreiben. Es scheint ihnen zwar an Kapital dabei zu fehlen, aber ihre ungeheuren Menschenmassen, ihre kolonisatorischen Fähigkeiten dürften ihnen trotzdem einen Erfolg sichern. Namentlich der neue Vize-König Chao-Erh-Shün scheint die Kolonisation des Landes mit grosser Energie betrieben zu haben. Durch die Pest und die bürgerlichen Unruhen des Jahres 1911 ist allerdings alles ins Stocken geraten, aber es scheint doch, als ob die Zunahme, die die chinesische Bevölkerung bisher erfahren hat, eine sehr beträchtliche wäre. Der japanische Seezoll-Direktor *Tachibana* nimmt in seinem Bericht über den Handel Dairens von 1910 an, dass der grösste Teil der 200000 Personen, die jährlich den Ueberschuss zwischen eingehenden und ausgehenden chinesischen Passagieren bilden, als Zuwachs für die Mandschurei zu rechnen sei, und er begründet diese Behauptung mit der Statistik der eingeführten Waren, namentlich für den täglichen Gebrauch.

Angesichts einer derartigen Zuwanderung chinesischer Nationalität ist natürlich für die japanische Besiedlung der gesamten Mandschurei nicht viel zu hoffen. In den durch politische Vorrechte geschützten Pachtgebieten ist aber die japanische Einwanderung deshalb noch nicht aussichtslos.[1]

Die japanische Auswanderung nach der Mandschurei bietet allerdings zunächst das bekannte Bild: eine starke Einwanderung, die zum grössten Teil bald wieder das Land verlässt und einen grossen Beisatz von unerfreulichen Elementen mit sich führt. In der Mandschurei war natürlich die Einwanderung durch den Krieg in Fluss gekommen, der im Gefolge der Armee eine Schar von Händlern und Abenteurern aller Art mit sich geführt hatte. Auch nach dem Friedenschluss strömte solches Volk ins Land, von dem oft wenig Gutes zu berichten war, und das selbst japanische Beamte, wie den japanischen Generalkonsul in Mukden oder den Zivilgouverneur des Kwantung-Gouvernements, zu ernsten Klagen und Warnungen veranlasste. Da das Geld auch in der Mandschurei nicht auf der Strasse liegt, und die Behörden wahrscheinlich nicht zu allem durch die Finger sahen, kehrten die meisten Einwanderer dem Lande wieder den Rücken, und der jährliche Zuwachs beträgt nur einige tausend Menschen.

Das Kwantung Gouvernement wies in den letzten Jahren folgende Bevölkerung auf:

TABELLE XXXIII.

	Jap. Männer	Frauen	Zusammen	Chines. M.	Frauen	Zusammen	Ausländer	Zusammen
1906	8245	4547	12792	202777	157651	360428	114	373259
1907	15272	9300	24572	216194	168812	385006	85	409652
1908	17834	11939	29773	214356	166341	380697	74	410555
1909	18522	13580	32102	231782	181391	413173	39	445389

Dem Berufe nach waren die Chinesen meist landwirtschaftlich tätig, die Ausländer Beamte des auswärtigen Dienstes

[1] Die folgende Darstellung der Lage der Japaner in der Mandschurei stützt sich auf die bereits zitierte Denkschrift des Kolonialamtes in Tokyo.

ihrer Länder und Kaufleute. Die Japaner aber verteilten sich (im Jahre 1910) auf die einzelnen Berufe wie folgt:

Beamte	Landwirte	Kaufleute	Industrielle	Fischer	Bahn-Beamte	Versch. Berufe[1]	Geishas & dergl.	Arbeiter[2]	Ohne Beruf	Zusammen
4901	67	6209	4301	248	4173	8991	1276	5398	428	35995

Die Japaner stellen also eine durchwegs städtische Bevölkerung dar. Von ihnen lebten 26660 in Dairen,[3] 8306 in Port Arthur, 1029 in Kinchau. 70–80% lebten mit ihren Familien, was für ein so junges Einwanderungsland ein recht hoher Prozentsatz ist und beweist, dass die japanische Verwaltung es verstanden hat, die Lebensverhältnisse auch für Frauen und Kinder erträglich zu machen.

Ueber die Ein- und Rückwanderung aus Japan geben die folgenden Zahlen Auskunft. Es betrug:

Tabelle XXXIV.

	die Einwanderung	die Rückwanderung	der Ueberschuss
1907	36247	20178	16069
1908	27279	21606	5673
1909	20641	15347	5294

Es zeigt sich also, dass bei verhältnismässig grosser Ab- und Zuwanderung der Zuwachs ein bescheidener ist, dass allerdings die Einwanderung rascher abnimmt als die Abwanderung, während der Ueberschuss seit neuestem ständig zu bleiben scheint, was für die Gesundung der Verhältnisse ein gutes Zeugnis ablegt. Die Herkunft der Auswanderer ist fast dieselbe

1) Aerzte, Rechtsanwälte, Gastwirte, Bankbeamte, Redakteure, Badehausbesitzer und dergl.

2) Die Arbeiter sind meist Zimmerleute, Hafen- & Eisenbahnarbeiter und Metallarbeiter.

3) Eine neue, verlässlich aussehende Mitteilung der *Japan Times* (Tokyo 30. IX. 1911.) berichtet, dass die japanische Bevölkerung in Dairen ausserordentlich rasch wächst und dass man 1911 31037 Pers. in 9069 Haushalten gezählt hat, gegenüber 6836 Japanern in 1423 Haushalten im August 1906.

wie die aller übrigen japanischen Auswanderer: meist der Süden und Südwesten des Hauptlandes mit einer etwas starken Beimischung von grossstädtischen Elementen, die wahrscheinlich auf Rechnung der vielen Beamten und Kaufleute zu setzen ist.

Dass für die niederen Berufe, namentlich für Arbeiter, wenig in der Mandschurei zu holen ist, geht aus einem Vergleich der Löhne von chinesischen und japanischen Arbeitern hervor. Durchwegs sind die der Japaner ein Dreifaches von denen der Chinesen, zum Teil auch schon deshalb, weil die Chinesen ansässig, die Japaner aber Ankömmlinge sind. Uebrigens weisen nicht nur die Löhne der japanischen Arbeiter untereinander eine verschiedene Höhe auf, sondern sie sind auch nach den einzelnen Plätzen sehr verschieden. Die Löhne in Dairen sind viel höher als die in Port Arthur. Im Vergleich mit den Löhnen des Hauptlandes ist kein grosser Unterschied zu verzeichnen. Die Löhne sind etwas höher, aber anscheinend doch durch die niedrigen Löhne der Chinesen beeinflusst.

Noch viel mehr als bei der Arbeiterklasse merkt man die wirtschaftliche Vormachtstellung der Chinesen in der Landwirtschaft. Hier können die Japaner überhaupt nicht mit. Es gab:

TABELLE XXXV.

		Selbständige Landwirte		Pächter	
		im Hauptberuf	im Nebenberuf	im Hauptberuf	im Nebenberuf
1907	Japaner	—	21	4	—
	Chinesen	201324	21747	52522	15456
1908	Japaner	26	—	—	5
	Chinesen	169123	30366	63202	15200

Das Land ist also ganz in den Händen der Eingeborenen, und wahrscheinlich dürfte sich daran wenig ändern, denn das in den Händen der Regierung befindliche Land reicht nach den angestellten Berechnungen höchstens zur Sesshaftmachung von rund 300 Köpfen. Der vorhandene Wald kann vorderhand als Nahrungsquelle noch nicht in Betracht gezogen werden.

Bessere Aussichten dagegen eröffnet die Fischerei. Man berechnet, dass in Japan auf eine Uferstrecke von 1 ri (= 3.927 km) 253 Fischer kommen, während es 1909 in Kwantung nur 103 Fischer für dieselbe Uferstrecke gab (zusammen gab es 22972 chinesische und 1303 japanische Fischer). Unter der Voraussetzung, dass die Fischerei in Kwantung ebensoviele Menschen ernähren könne wie auf den japanischen Inseln, könnte man im Gouvernement noch 44000 Fischer unterbringen, die wahrscheinlich ein gutes Auskommen fänden, denn selbst bei den noch wenig ausgebildeten Fangmethoden, die dort im Schwunge sind, ist die Ausbeute eine recht gute: durchschnittlich verdient ein Boot im Jahre 218 Yen, während ein gleiches Boot in Japan nur 190 Yen im Jahr einbringt.

Der Aufenthalt in der Mandschurei ist wegen der kalten Winter nicht für jeden anziehend, aber er ist keineswegs bedenklich. Die politischen und gesellschaftlichen Zustände sind befriedigend, und die Gesundheitsverhältnisse recht gut, da man in den Städten über Kanäle und Wasserleitung verfügt. Allerdings ist man nicht im Stande, sich ganz gegen die ansteckenden Krankheiten, die aus China herüberkommen, abzuschliessen, und die Dysentrie ist nicht auszutilgen. Immerhin sind das alles noch nicht genügend Gründe, um irgend jemand von der Auswanderung aus Japan nach der Kolonie abzuhalten.

Ganz ähnlich wie im Kwantung- Gouvernement sind die Verhältnisse in der *Bahnzone*, was Gesundheit, Verhältnis der eingewanderten Japaner zu den billiger lebenden Chinesen und wirtschaftliche Verhältnisse anbelangt. 1909 gab es in der Bahnzone 49007 Einwohner, darunter 27203 Chinesen (24341 Männer und 2862 Frauen) und 21804 Japaner (13396 Männer und 8408 Frauen). Die Japaner waren dem Berufe nach hauptsächlich Beamte, insbesondere der Südmandschurischen Bahn, Angestellte des öffentlichen und privaten Dienstes, Regierungsbeamte, Zimmerleute, Krämer u. s. w. Landwirte gab es nur 126. Die unqualifizierten Arbeiter, Taglöhner, Diener aller Art, wurden durchwegs von den Chinesen gestellt, unter denen es übrigens auch 2161 Landwirte und eine stattliche Zahl von Händlern und Unternehmern gab.

Der Grund und Boden, der nicht von der Südmandschurischen Bahn oder der Militärverwaltung gebraucht wird, wird verpachtet. Gegenwärtig sind 14618032 tsubo verpachtet und 2858616 sind noch zu vergeben. Da es sich bei dieser noch zu vergebenden Fläche meist um Baugrund handelt, der natürlich mehr Menschen aufnimmt als das flache Land, rechnet man, dass noch rund 36000 Menschen dort angesiedelt werden können. Das zur Verfügung stehende Reisland ist wenig umfangreich, und man glaubt auch an keine Besetzung des ganzen Landes mit wirtschaftlichen Siedlern. Kraft ihrer unerschöpflichen Menschenmassen haben die Chinesen einen so grossen Vorsprung, dass er selbst in dem unter japanischer Verwaltung stehenden Teil Chinas, als der die Bahnzone anzusehen ist, nicht eingeholt werden kann.

Ich sagte ja auch schon, dass man von den Plänen, die Mandschurei zu besiedeln, in der Hauptsache abgekommen zu sein scheint. Das heisst natürlich noch nicht, dass man es aufgibt, das Land den Interessen Japans dienstbar zu machen. Dieses hat zuviel Menschenleben und Arbeit, auch zuviel Kapital für das Land verbraucht, um auf ein Entgelt in irgend einer Form zu verzichten. Es scheint, als ob man sich gegenwärtig mit dem Gedanken trägt, die Mandschurei als Handelskolonie zu behandeln und zugleich durch Aufwendung von Kapital die natürlichen Hilfsquellen des Pachtgebietes zu erschliessen. Von der Hebung des Wohlstandes durch Handel und Gewerbe hängt das Schicksal dieser Kolonie ab, und es sind allerhand Versuche im Gange, die besten Wege zur Erreichung dieses Zieles ausfindig zu machen. Hier handelt es sich nur darum, wie weit diese Pläne auf die Auswanderung der Japaner nach dem Festlande von Einfluss sein können, und es ist klar, dass ein Land, das nicht mit dem Pfluge erobert wird, für grössere Menschenmassen nicht aufnahmefähig ist, wenn man nicht etwa Kuli-Arbeiter importiert. Da diese im vorliegenden Falle durchaus von China gestellt werden, so ist zwar voraussichtlich für tausende von japanischen Händlern, Privatbeamten und Werkmeistern ein Feld der Tätigkeit geboten, nicht aber für eine irgendwie in Betracht kommende grössere Menge von Auswanderern.

Ich habe besondern Wert darauf gelegt, zu zeigen, dass die mir bei meiner Berechnung der voraussichtlichen Aufnahmefähigkeit der japanischen Kolonien zur Verfügung stehenden Daten sehr dürftig sind, und es lässt sich auf dieser Basis schwer eine genaue Rechnung anstellen. Wenn ich trotzdem unter allem Vorbehalt die gefundenen Zahlen zusammenziehe, so gibt das bei sehr vorsichtiger Einschätzung eine Aufnahmefähigkeit von etwa

	90000	Menschen	in der Mandschurei
	3000000	„	in Korea (und mehr)
	200000	„	in Formosa
	160000	„	in Sachalin (vorderhand)
zusammen	3450000	Menschen.	

Nimmt man noch den Hokkaidō hinzu, der ganz vorsichtig geschätzt 2400000 Menschen aufnehmen kann, so wäre Raum für wenigstens 6 Millionen Menschen, wahrscheinlich aber für erheblich mehr. Das ist ja für eine Bevölkerung von 67 Millionen Menschen, wie sie das gesamte japanische Reich vermutlich aufweist (ich betone hier nochmals das Fehlen verlässlicher Angaben), nichts Ausserordentliches, aber doch immerhin eine gewisse Beruhigung dafür, dass dem Bevölkerungszuwachs noch immer ein vorderhand ausreichender Spielraum geboten ist, namentlich wenn man sich daran erinnert, dass auch im Innern Japans noch verhältnismässig weite Gebiete der Landwirtschaft dienstbar gemacht werden können. Ueber diese Fragen werden die hoffentlich bald erfolgenden ersten Volkszählungen noch viele Aufklärungen zu bringen haben.

Zum Schluss meiner gedrängten Darstellung der japanischen Auswanderung möchte ich noch ihre Rückwirkung auf das japanische Land untersuchen und die Frage aufwerfen, wie sich die japanische Auswanderung zur Auswanderung überhaupt stellt, und was für Gesichtspunkte sich aus dieser Vergleichung für die Bewertung der japanischen Probleme gewinnen lassen.

Von den verschiedenen Wirkungen auf das Vaterland, die bei jeder Auswanderung in Betracht kommen, ist die nächstliegende die Abnahme der einheimischen Bevölkerung, bezw. die Veränderung ihres Aufbaus nach Alter und Geschlecht. Diese Frage erübrigt sich für Japan, da fast alle Auswanderer wieder zurückkehren; die wenigen Tausende, die sich dauernd im Auslande festsetzen und ihre Familien nachkommen lassen, fallen angesichts der grossen Menschenmenge Japans nicht ins Gewicht.. Die Auswanderung betrifft zu einem grossen Teil Männer, die für mehrere Jahre ihrem Vaterland entzogen werden. Aber eine Störung der Familienverhältnisse dürfte dadurch nicht hervorgerufen werden. Man heiratet frühzeitig in Japan, und die Ausziehenden lassen oft eine Frau und Kinder zurück, die inzwischen in der Obhut der Familie bleiben und den Heimkehrenden bei ihrer Zurückkunft wieder eine Heimstätte bieten.

Dort, wo eine stärkere Auswanderung nach den Kolonien Platz greift, dürfte wohl eine Veränderung in den Bevölkerungs- und Besitzverhältnissen eintreten, doch wahrscheinlich nur lokaler Natur und von keinem zu grossen Einfluss auf die gesamte Volkswirtschaft. Darüber müsste eine Untersuchung an Ort und Stelle in den wichtigsten Auswanderungszentren Aufschluss geben, doch war es mir nicht möglich, eine solche auszuführen, und von Japanern wurde sie meines Wissens nicht unternommen, selbst nicht von *Ogawahira*, dem Verfasser des einigemale angeführten Buches über japanische Auswanderung. Es lässt sich daher auch nicht genau sagen, wie weit die Produktivität Japans durch die Auswanderung gelitten hat. Bei der meist noch geringen Intensität des hiesigen wirtschaftlichen Lebens und angesichts der unqualifizierten Arbeitskräfte, um die es sich handelt, glaube ich eine Schädigung der japanischen Produktivität getrost verneinen zu dürfen. Der von den Industriellen Japans oft beklagte Mangel an Arbeitskräften für die Fabriken, insbesondere für die Textilfabriken, trifft hauptsächlich weibliche Arbeitskräfte und ist bei der im Verhältnis zur Bevölkerung kleinen Zahl von Arbeitskräften, die gebraucht wird, keinesfalls aus einem Mangel an Menschen, sondern aus den Verhältnissen der Industrie, Behandlung der Arbeiterschaft in den gewerblichen Betrieben und der Psychologie der Japaner zu erklären.

Was die Geldsendungen der japanischen Auswanderer nach ihrer Heimat anbelangt, so ist es schwer, Klarheit darüber zu gewinnen. Die in Betracht kommenden Stellen haben anscheinend nicht die Absicht, die Zahlen, die ihnen bekannt sind, zu veröffentlichen, und auch ich bin genötigt, mich mit Andeutungen aus dem mir zugänglich gewordenen Material zu begnügen. Nach den Erfahrungen des letzten Jahres dürften jährlich etwa 30 Millionen Yen aus dem Auslande einfliessen, meist aus Nordamerika, einschliesslich Hawaii. Für 1905 soll sich der von Japanern in Hawaii nach Hause geschickte Geldbetrag auf 6,5 Millionen Yen beziffern,[1] und das dürfte mit einer Angabe für das Jahr 1909 stimmen, für das die Geldsendungen aus Hawaii mit etwa 7 Millionen angeführt werden.[2] Das von Rückwanderern und Reisenden mitgebrachte Geld ist nicht mitgezählt. Die Summe von 30 Mill. ist ja nicht allzugross, aber wenn man bedenkt,

1 *Aubert* a. a. O. S. 60.

2) *Kanai u. Ito* Hokubeino Nihonjin. 1910. 2. Kap.

dass sie beinahe die Hälfte von dem ist, was der Staat jährlich an Zinsen für seine im Ausland begebenen Anleihen an dieses zu zahlen hat, und dass Japan auch für importierte Waren stark verschuldet ist, so versteht man, dass sie den Japanern eine willkommene Verbesserung ihrer Zahlungsbilanz darstellen. Den durch die Banken und die Post heimgeschickten Geldern wären natürlich die Summen entgegenzustellen, die von den Auswanderern in bar mitgenommen werden, aber hier dürfte es sich nur um geringe Beträge handeln, ausgenommen bei den verhältnismässig wenig zahlreichen Reisenden, die zu Vergnügungs- oder Studienzwecken nach dem Ausland gehen. Die Geldsendungen gehen zu einem grossen Teil durch japanische Banken, insbesondere die Yokohama Specie Bank, durch die Auswanderungs-Agenten oder durch die Post. Auch die Reisekosten kommen zu einem grossen Teil japanischen Schiffahrtsgesellschaften zugute, um deren Wachstum die Auswanderung ein grosses Verdienst hat. Wie weit die japanische Auswanderung zu der raschen Entwicklung der japanischen Schiffahrt beigetragen hat, lässt sich natürlich schwer sagen. Die Nippon Yusen Kaisha, deren Seattle Linie schon 14 Jahre alt ist, hat noch die Zeit der starken Auswanderung ausnützen können. Die andern Gesellschaften sind erst in den letzten Jahren auf den Plan getreten und haben gerade während ihres Entstehens das Zurückgehen der Auswanderung erlebt, auf deren Fortbestand sie wahrscheinlich gerechnet hatten. Sie sind ja durch reichliche Regierungssubventionen schadlos gehalten, aber sicherlich würden sie eine stärkere Auswanderung, als sie jetzt möglich ist, gerne sehen. Insofern als der japanische Aussenhandel durch die Auswanderung gefördert wurde, haben sie natürlich mittelbar von dieser Vorteil, es ist aber nicht leicht zu sagen, wie weit der Aussenhandel auf die Auswanderung zurückzuführen, und wie weit er von ihr unabhängig ist.

Hawaii und die Vereinigten Staaten, bisher die wichtigsten Auswanderungsländer, sind allerdings für die japanische Ausfuhr von grosser Bedeutung. Hawaii bezog in den letzten Jahren für fast 4 Mill. Waren von Japan, und darunter ist eine grosse Menge von solchen, die hauptsächlich für den Bedarf der Auswanderer bestimmt sind, so insbesondere für mehr als 1,5 Millionen Yen Reis, dann Fische, Soya Sauce, Sake, Tee, Matten und dergl. Die Einwanderer in den Vereinigten Staaten sind anscheinend weniger auf den Bezug von Nahrungsmitteln aus der Heimat angewiesen, auch spielt bei dem grossen Export von etwa 144 Millionen Yen die Lebensmittelausfuhr eine geringe Rolle; meist handelt es sich um Seide, die dem Werte nach 1/3 des Aussenhandels Japans mit den Vereinigten Staaten darstellt, dann Tee, Kampfer, Porzellan, Matten und Strohborten. Dass sich unter den Japanern in den Vereinigten Staaten eine stattliche Reihe von Kaufleuten befindet, ist selbstverständlich. Auch sonst sind natürlich die von japanischen Ansiedlern bewohnten Länder von japanischen Händlern besucht und stellen Abnehmer für den japanischen Markt dar. Bis zu einem gewissen Grade sind die Auswanderer überall Pioniere des Handels, wie das Beispiel von Peru und Chile zeigt, wo seit den letzten Jahren der Handel bedeutend gestiegen ist, ohne aber auch nur in der Ausfuhr 1/2 Million Yen zu erreichen.[1] Nur ein verhältnismässig geringer Teil des Aussenhandels dürfte der Anwesenheit von japanischen Ansiedlern im Auslande zuzuschreiben sein; der meiste ist lediglich ein Ergebnis von Handelsoperationen und dient dazu, den Bedarf des Auslands zu decken. Zu einem ganz grossen Teil ist ja auch der auswärtige Handel noch in der Hand von in Japan ansässigen Ausländern.

Die Wirkungen der Auswanderung auf das wirtschaftliche Leben Japans sind also bescheiden, und dasselbe ist von den Einflüssen kultureller Natur zu sagen. Die Japaner, die als unqualifizierte Arbeiter einige Jahre im Ausland gelebt haben, kommen gewiss nicht ohne Bereicherung ihrer Kenntnisse zurück, aber in die Kultur des andern Landes sind nur wenige eingedrungen, und die Luft der japanischen Inseln scheint die rückgekehrten Japaner jeder Stellung sehr rasch alles Nichtjapanische vergessen zu lassen. Die Japaner passen sich sehr schwer fremden Verhältnissen an. Wir haben gesehen, was für Konflikte daraus in fremden Ländern entstehen, und es ist daher weiter nicht auffällig, dass die kulturelle Ausbeute der Rückgekehrten gering ist. Es fehlt natürlich nicht an Leuten, die mit leidlicher Kenntnis der englischen Sprache nach Japan zurückkommen, an Friseuren, Wäschern, Köchen, Restaurateuren, Schustern usw, die mit ihren Erfahrungen aus Amerika und Kanada und mit dem von dort mitgebrachten kleinen Kapital

---

[1] *Finanzielles und wirtschaftliches Jahrbuch für Japan.* Tokyo 1911 und *Annual return of the foreign trade of the Empire of Japan.* The Dept. of Finance Tokyo 1910.

das im Auslande erlernte Gewerbe daheim weiterbetreiben. Im allgemeinen aber muss man sich wundern, wie rasch der vom Ausland Heimgekehrte wieder ganz den Einflüssen seiner Heimat unterliegt, und wie wenig Sprachkenntnis Leute, die viele Jahre in Nordamerika oder Hawaii gelebt haben, aufweisen. Auffallend ist auch, wie gering die Beihilfe ist, die die christlichen Missionen durch den Aufenthalt so vieler Japaner in christlichen Ländern haben. Es fehlt zwar in Westamerika und Hawaii keineswegs an japanischen Christen, die oft sogar eigene Missionen haben. Ob aber die christlichen Missionen, die in Japan bekannterweise nur bescheidene Erfolge haben, sich überhaupt von den heimgekehrten Japanern gefördert sehen, scheint mir nach eingeholten Auskünften fraglich. Von den zu Studienzwecken fortgereisten abgesehen, ist also auch der kulturelle Einfluss der Auswanderung auf die Japaner daheim nur ein geringer.

Versucht man zu einem Schlussurteil über die gesamte japanische Auswanderung zu kommen, so ist natürlich die nach den Kolonien von der nach dem Auslande zu trennen. Die letztere ist von den Vorteilen, die vorübergehend dem Mutterlande zugeführt wurden, abgesehen, ohne Erfolg geblieben: die meisten Auswanderer sind heimgekehrt oder werden dies in den nächsten Jahren sein, und was übrig bleibt, ist eine geringe Zahl von Erfolgreichen oder ganz Erfolglosen, die nach einigen Jahrzehnten von der sie umgebenden Menschenmenge aufgesogen sein werden, besonders, wenn die Eröffnung des Panamakanals den europäischen Menschenstrom, der bisher nur an die Ostküste Amerikas kam, auch nach dessen Westen gerichtet haben wird. Als Erfolg hätte in Betracht kommen können: entweder Durchsetzung eines Landteiles mit starken, national mehr oder minder geschlossenen Massen, wie es z.B. die Chinesen in Hinterindien und auf Niederländisch Indien erreicht haben, oder die Anlegung grosser landwirtschaftlicher Siedlungen und Beherrschung des Landes, wie dies den Engländern in Australien gelungen ist, oder bloss militärische Beherrschung eines nur schwachbesiedelten Gebiets (z. B. Russisch Ostasien) oder, vom allgemein menschlichen Standpunkt aus, Beschenkung eines fremden Landes mit wertvollen Ansiedlern und Kulturelementen, wie es die Deutschen für Amerika, besonders aber für die Vereinigten Staaten und Brasilien getan haben. In allen diesen Fällen bleiben natürlich auch wirtschaftliche Vorteile für das Land, das solche

Erfolge zu erzielen hat, nicht aus. Voraussetzungen dafür sind wirtschaftliche Tüchtigkeit, nationale Energie, Verfügung über einen Bevölkerungsüberschuss, Kapital und über einen Reichtum an kulturellen Werten.

An wirtschaftlicher Tüchtigkeit haben es die Japaner anscheinend nicht fehlen lassen, denn obwohl ihr Auswanderer-Material nicht immer gut ausgesucht war, haben sich doch viele von ihnen in kurzer Zeit einen für ihre Verhältnisse ansehnlichen Wohlstand erarbeitet, allerdings nur dort, wo dies in wenigen Jahren möglich war. An Orten, wo es Kapital und die Arbeit von Jahrzehnten gebraucht hätte, wie in der Südsee, ist vorderhand noch kein Erfolg zu vermelden. Auffallend ist, dass die Japaner es nirgend wo mit den Chinesen an wirtschaftlicher Energie aufnehmen konnten: In Hawaii, den V. St., Kanada, konnten sie sich erst nach Unterbindung der chinesischen Einwanderung durchsetzen, und in Siam, Formosa, der Mandschurei haben sie es nicht vermocht, die chinesische Vormachtstellung zu beseitigen.

Das Vorhandensein von nationaler Energie und politischem Geschick haben die Japaner durch ihre Geschichte bewiesen. Die Erfolge ihrer Ansiedlungspolitik in den Kolonien zu beurteilen, ist angesichts der kurzen Zeitspanne, die bisher überschaut werden kann, noch nicht möglich, abgesehen vom Hokkaidō, dessen Besiedlung im Verhältnis zu der langen zur Verfügung stehenden Zeit zu langsam vor sich geht.

Merkwürdig ist es, dass eine so geschlossene und hochstehende Kultur, wie die japanische, nicht imstande war, sich in den nicht von Japan beherrschten Gebieten irgendwie durchzusetzen. Selbst in den Südseeinseln, auf Hawaii und in dem nicht gerade kulturreichen amerikanischen Westen, haben die Japaner ihre Kultur nicht einzubürgern, bezw. ausserhalb ihrer Häuslichkeit zu behaupten vermocht; dies ist ein Beweis dafür, dass die japanische Kultur zu sehr an ihre Heimat gebunden ist, als dass sie beim Zusammentreffen mit andern Kulturelementen eine gleichberechtigte Stellung zu erwerben vermöchte. Kleidung und Sprache, Schrift und Kunst, Sitten, Gedanken und Religion der Japaner haben nirgends ausserhalb der japanischen Grenzen sich dauernd festzusetzen oder gar neue Anhänger heranzuziehen vermocht. Es mag befremdlich erscheinen, dass dieselben Japaner, deren Unvermögen, sich der westländischen Kultur anzugleichen und die heimische aufzugeben, sie zu Kolonisatoren wenig geeignet macht, nicht wenigstens zur Ausbreitung ihrer eigenen Kultur beizutragen vermocht haben. Die Lösung dieses scheinbaren Widerspruchs liegt aber in der Psychologie der Japaner. Sie sind durch Geschichte und, wie ich glaube, durch Veranlagung so sehr mit ihren Kulturformen verwachsen, und dabei so sehr in unserem Sinne unwissenschaftlich und so wenig schöpferisch veranlagt, dass sie es z. B. noch nicht einmal dazu gebracht haben, ein Haus zu erfinden, das dem Klima ihrer Inseln entspricht. Das japanische Haus ist für Strohbedachung und warme Gegenden bestimmt.[1] In dem wechselvollen Klima des mittleren und nördlichen Japan und mit dem neueren schweren koreanischen Ziegeldach ist das Haus im Winter kalt (unheizbar!), im Sommer warm und bei den häufigen Erdbeben in ständiger Einsturzgefahr, dabei allerdings künstlerisch vollendet. Dieses Beispiel erscheint mir typisch für die oberflächliche Art, wie der Japaner fremden Kulturerzeugnissen entgegentritt, und die vielleicht auch für andere orientalische Völker kennzeichnend ist. Die Geschichte der Zivilisation Japans ist die Geschichte der fremden Kultureinflüsse auf sein lernbegieriges und stolzes Krieger- und Künstlervolk. Aber es hat stets lange gebraucht, bis die fremden Einflüsse wirklich im japanischen Wesen aufgingen. So ist auch heute noch die westliche Kultur in Japan recht wenig in die Tiefe gedrungen, und die ins Ausland geschickten Japaner stehen ihr innerlich meist so teilnahmslos gegenüber, als wäre die Meiji Aera (seit 1868) noch nicht hereingebrochen. Ja, die Japaner die wirklich im Ausland europäisiert werden, sind unter ihren Landsleuten halbe, wenn nicht ganze Fremde. Und doch ist Japan dem Aeusseren nach so europäisch! Das erklärt sich aus derselben orientalischen Oberflächlichkeit, die das wahre Verständnis fremder Verhältnisse so erschwert. Der Japaner hängt am Aeussern: Er ist als Nation von krankhaftem Ehrgeiz, es den Besten gleichzutun, und glaubt oft sein Ziel erreicht, wenn er Aeusserlichkeiten bewältigt, die er für das Wesen hält, und die ihm stets das Nächstliegende sind. Die Europäer und Amerikaner sind die erfolgreichsten Völker der Gegenwart. Ihnen will der Japaner gleichen und opfert diesem Streben nach aussen hin seine eigene formvollendete Kultur, insbesondere alles, was seine Leistungsfähigkeit im Wettbewerb beeinträchtigt; seine Gemütsverfassung, seine Anschauungen und Gedanken und

---

1) Vergl. *E. S. Morse* Japanese Houses. Boston. 1886. S. 323 ff.

was ein Franzose treffend „le Japon intime" nannte, bleiben vorderhand unberührt von fremdem Einfluss und werden es noch lange bleiben. Japan will nicht das fremde Wesen, sondern die fremden Erfolge. Was es sich auf dem Wege dazu an Selbstentfremdung sparen kann, das spart es, und niemand wird ihm das verargen. Aber dieser Zwiespalt und allzugrosse „Sparsamkeit" erklären die auffallenden Erscheinungen bei Berührungen mit dem Ausland. Auch wo es den Japanern gelungen ist, die Grenzen ihrer Herrschaft zu erweitern, war es stets der Krieger, der das neue Land eroberte und dem der friedliche Bürger folgte, und die Vorbilder für die erfolgreiche Kolonisation sind durchwegs aus der Fremde herbeigeholt. Diese Erscheinung ist zu allgemein, als dass sie sich bloss durch die Qualität der japanischen Auswanderer und den politischen Widerstand der Nationen erklären liesse, mit denen sie in Berührung kamen. Aber diese beiden Hemmnisse sind für die Art der japanischen Auswanderung so charakteristisch, dass sie zu weiteren Schlüssen führen.

Die Geschichte der Wanderungen zeigt zwei typische Formen: die alte, wie sie die Geschichte etwa bis zum 15. Jahrhundert sah, die meist Volks- und Staatssache war, und die neue, die ganz auf der Tätigkeit und Initiative der Individuen beruht.[1]) Diese wieder ist entweder eine vorübergehende Auswanderung von unqualifizierten Arbeitern oder eine dauernde, bei der Bevölkerungselemente der verschiedensten Art in die Fremde ziehen, um dort eine neue Heimat zu suchen. Nur diese letztere Art kann nachhaltige kolonisatorische Erfolge erzielen; sie stellt allerdings auch einen grossen Verlust an kostbarem Menschenmaterial und Kapital dar, und es ist fraglich, ob die oft beneideten Erfolge der Auswanderungsländer diese Verluste aufzuwiegen imstande sind. Mit Zahlen ist das überhaupt nicht festzustellen, denn hier handelt es sich um kulturgeschichtliche Vorgänge, bei denen die unberechenbaren Werte den Ausschlag geben. Das Interessante an der japanischen Auswanderungs-Politik ist, dass sie, obwohl ein Kind der neuesten Zeit, den Versuch macht, die Auswanderung ganz und gar dem staatlichen Interesse dienstbar zu machen. Sie wurde in Japan von der Regierung ins Leben gerufen, von ihr sogar eine zeitlang geführt, dann an Private abgegeben, von denen man sich jedoch vergewissert hatte, dass sie ganz den Wünschen der Regierung gemäss handeln würden.

---

1) *Schmoller*, Grundriss der allgemeinen Volkswirtschaftslehre Band I. 1901 Seite 171 ff.

Man glaubte, es besonders gut einzurichten, wenn man für die Rückkehr aller Auswanderer Sorge trug und so die ganze Auswanderung zu einer periodischen machte, um zu vermeiden, dass Menschen oder Kapital dem Vaterland verloren gingen. Der Erfolg war, dass die Auswanderer sich kein anderes Ziel setzten, als in möglichst kurzer Zeit eine möglichst hohe Summe nach Hause zu bringen, während ihnen das Geschick des vorübergehenden Aufenthaltsortes, — von neuer Heimat war ja bei den meisten nicht die Rede, — gleichgültig bleiben musste. Auch dort also, wo die japanischen Menschenmassen wirklich in einer Zahl auftraten, die ihnen einen kolonisatorischen Erfolg hätten sichern müssen, wie in Hawaii, wo es ihnen an wirtschaftlichen Erfolgen und den Sympathien der Bevölkerung zunächst nicht fehlte, ist heute der japanische Einfluss im Schwinden begriffen, zum Teil infolge des energischen Zugreifens der Vereinigten Staaten, die kaltblütig die Inseln ihrem Kolonialbesitz einverleibten, allerdings erst, nachdem sie ihnen in jahrzehntelanger Kulturarbeit ihr Kapital, ihre Religion, ihre politischen Einrichtungen und vieles andere gebracht hatten. Andererseits aber ist es gewiss auch ein Misserfolg japanischer friedlicher Expansion, der übrigens einen politischen Beigeschmack hat: die japanische Einwanderung brachte nach Hawaii und von dort nach dem amerikanischen Festlande eine Klasse von Arbeitern, für die sich heute in europäischem Sprachgebrauch die Bezeichnung Kuliarbeiter eingebürgert hat. Das soll heissen, Angehörige einer asiatischen Rasse, die nur unqualifizierte Arbeit zu leisten bestimmt sind und sie infolge ihrer niedrigen Lebenshaltung unter besonderen Umständen und billigen Löhnen zu leisten imstande sind. Selbstverständlich führt diese Art von Arbeit und Lebenshaltung, verbunden mit dem Umstand, dass es sich durchwegs um vorübergehende Einwanderung handelt, dazu dass diese Arbeiter ein Leben für sich führen und nicht so hoch im Ansehen stehen wie der europäische Arbeiter, den sie als Surrogat zu ersetzen bestimmt sind. Das alles passt ausgezeichnet auf die Chinesen; bei den Japanern zeigt sich aber, dass der hier in Rede stehende Begriff eine Abänderung erfahren muss. Die Japaner waren nämlich weder geneigt, in der untergeordneten Stellung von uuqualifizierten Arbeitern zu verharren, noch hatten sie Lust, sich als Bürger 2. Klasse behandeln oder auch nur ansehen zu lassen. Beides macht ihrer Tüchtigkeit und ihrem Nationalgefühl alle Ehre; schlimm aber ist es, dass sie, namentlich seit ihren erfolgreichen Kriegen, begannen, eine übertriebene nationale Empfindlichkeit herauszukehren und sich sogar beruflich national zu organisieren, so die Solidarität verleugnend, deren Verweigerung von Seiten der amerikanischen Arbeiter sie als Beleidigung empfanden. Man hat den Japanern mit Recht vorgehalten, dass diese Empfindlichkeit umso unangebrachter sei, als sie selbst in ihrem eigenen Lande die Fremden durchaus nicht als gleichberechtigt und ohne Misstrauen behandeln und sie bis zum heutigen Tage nicht vergessen lassen, dass man in Japan die Restorationskämpfe der 60er Jahre mit dem Rufe „es lebe der Kaiser, fort mit den Barbaren!“[1] einleitete. Doch das sind Fragen, die nicht nach Recht und Billigkeit abgewogen werden können. Wohin die Entwicklung in Hawaii und Amerika geführt hat, habe ich ausführlich geschildert. Sie war der Anlass zu einer grossen Wandlung in der japanischen Auswanderungspolitik, deren Wirkungen heute noch nicht übersehen werden können. Die Regierung und die Einsichtigen unter den führenden Männern Japans haben anscheinend eingesehen, dass man im internationalen Verkehr nicht nur auf den eigenen Vorteil bedacht sein darf, und dass es hier mehr als irgendwo anders heisst: „wenn du nehmen willst, so gib.“

Die unmittelbare Wirkung dieser geänderten Politik war jedenfalls eine starke Einschränkung der Auswanderung, die wieder ängstliche Warnungsrufe vor einer Uebervölkerung Japans heraufbeschworen hat. Ich glaube zu der Annahme berechtigt zu sein, dass soweit das gegenwärtig zur Verfügung stehende Material reicht, kein Grund vorhanden ist, in diese Rufe einzustimmen. Japan ist sehr stark besiedelt, aber es vermehrt sich wahrscheinlich nicht so rasch, als manchmal geglaubt wird, hat in seinen Kolonien und bei einigem Willen zur inneren Kolonisation auch im eigenen Lande noch Platz für den Menschenzuwachs der nächsten Zukunft, und darüber hinaus sich Sorge zu machen, wäre heute wenig am Platze. Nicht als ob ich dem nationalen Leichtsinn das Wort reden wollte, aber das Bevölkerungsproblem ist ein so altes, und seine Behandlung ein so weites Feld, dass es, wie die Geschichte gezeigt hat, schwer hält, Voraussicht zu bekunden. Je nach den Verhältnissen, dem Stand der wissenschaftlichen Erkenntnis und Geistesrichtung, vor allem aber je nach den in den Völkern

---

1) „*Sonō jōi*“; das Wort „Barbar“ wird hier im selben Sinne gebraucht, wie bei den alten Griechen und bedeutet alle Ausländer mit Ausnahme der Chinesen und Koreaner.

lebendigen geistigen und sittlichen Kräften, waren die Antworten, die man auf die uralte Frage nach dem Nahrungsspielraum zu geben wusste, entweder pessimistisch oder optimistisch. Wie stets, so liegt die Wahrheit auch hier in der Mitte. Die kulturellen Fortschritte haben ungeahnte Möglichkeiten für die Verdichtung der Bevölkerung auf demselben Flächenraum gebracht, und wenn diese Entwicklung auch nicht ins Unendliche fortgesetzt werden kann, so dürfte sie doch mit der Gegenwart noch nicht zum Abschluss gelangt sein. Gerade in der Kunst, sich auf engem Raum zu bescheiden, hat es das japanische Volk so weit gebracht, wie kaum irgend ein anderes. Seine ganze geistige und materielle Kultur hängt auf das innigste zusammen mit den räumlichen Beschränkungen, denen die Entwicklung des Volkes, dem Verkehrsmittel nicht zur Verfügung standen, ausgesetzt war. Die Japaner haben es zuwege gebracht, nicht nur den Gefahren, die diese Beschränkungen andern Völkern gebracht haben, zu entgehen, sondern sogar eine diesen Verhältnissen angepasste Kultur zu entwickeln, die die Bewunderung und zum Teil den Neid der übrigen Kulturwelt erweckt, denn sie ist, auf kleinem und armen Boden erstanden, ein Muster dafür, was mit den einfachsten Mitteln und durch vollständige Beherrschung des zur Verfügung stehenden Menschen- und Sachen-Vorrats geleistet werden kann.

Wenn dichte Bevölkerung ein Massstab für hohe Kultur ist, und das ist sie ohne Zweifel, so kann Japan auch diese Probe bestehen, und es scheint mir wenig angebracht, in einer Zeit allgemeinen Aufschwungs, in der eine fremde Kultur mit der einheimischen zu vereinigen gesucht wird, die Fähigkeit zu weiteren Fortschritten in Frage zu ziehen. „Das Bevölkerungsproblem greift in alle Lebensgebiete hinein, fördert überall Zucht und Selbstbeherrschung, weitsichtiges und kräftiges Handeln. Auch das tüchtigste Volk wird die zwei selbständigen Bewegungen der zunehmenden Menschenzahl und des wirtschaftlichen Fortschritts nie ganz in Uebereinstimmung bringen können; aber es kann die Dissonanzen mildern in dem Masse, wie es moralisch, geistig und technisch sich vervollkommnet."[1]

---

[1] *Schmoller*, a. a. O. S. 187.

CPSIA information can be obtained
at www.ICGtesting.com
Printed in the USA
BVHW05s2351090518
515756BV00033B/705/P

9 781334 251030